Kohlhammer

Die Autorinnen

Andrea Dixius ist Diplom-Psychologin, Psychologische Psychotherapeutin und leitende Psychologin der SHG Kliniken für Kinder- und Jugendpsychiatrie und Psychotherapie in Saarbrücken und Idar-Oberstein. Zu ihren Schwerpunkten zählen die Behandlung von Essstörungen, Emotionsregulationsstörungen, Borderlinestörungen und Traumafolgestörungen. Sie implementierte Behandlungskonzepte zu den Therapieschwerpunkten, so auch die Dialektisch-Behaviorale Therapie für Adoleszente (DBT-A) in den SHG Kliniken für Kinder- und Jugendpsychiatrie in Saarbrücken und Idar-Oberstein, die durch den Dachverband DDBT e.V. zertifiziert sind. Sie ist DBT-Therapeutin, DBT-A Trainerin und besitzt eine langjährige Fachexpertise im Bereich der Psychotraumatherapie. Sie ist Dozentin in Ausbildungsinstituten und als Supervisorin tätig. 2016 entwickelte sie in Zusammenarbeit mit Eva Möhler ein kulturintegratives Konzept und Manual zur Erststabilisierung für stark belastete Kinder und Jugendliche – »START-Stress-Traumasymptoms-Arousalregulation-Treatment«.

Eva Möhler ist Chefärztin der SHG Kliniken für Kinder und Jugendpsychiatrie und Psychotherapie und Fakultäts-Mitglied der medizinischen Fakultät der Universität Heidelberg, wo sie einen Lehrauftrag und eine Professur für Kinder und Jugendpsychiatrie innehat.

Ihre Habilitationsschrift trägt den Titel »Determinanten der Emotionalen Entwicklung« und beschäftigt sich mit dem Einfluss adversiver früher Umgebungsbedingungen auf die emotionale Entwicklung in der Kindheit. Der Schwerpunkt ihres wissenschaftlichen und klinischen Interesses liegt an den Schnittstellen zwischen Kinder und Jugendpsychiatrie und Erwachsenen-Psychiatrie.

Im Zuge der Flüchtlingswelle wurde sie angefragt, ein Clearing-Haus für unbegleitete minderjährige Flüchtlinge zu entwickeln und aufgrund der positiven Gesamtbeurteilung dieser stabilisierenden Arbeit in der Folge die gesamte Erstaufnahme für unbegleitete Minderjährige im Saarland seit Anfang 2016 zu personalisieren und supervidieren. Bis zum Zeitpunkt der Drucklegung wurden knapp 900 unbegleitete minderjährige Flüchtlinge aufgenommen und teilweise in andere Bundesländer verteilt. Die notwendige Stabilisierungsarbeit mit diesen sehr verstörten jungen Menschen hat zur Entwicklung des Programms »START« mit beigetragen.

Andrea Dixius, Eva Möhler

Stress und Traumafolgen bei Kindern und Jugendlichen

Stabilisierende Interventionen nach Gewalt, Missbrauch und Flucht

Verlag W. Kohlhammer

Dieses Werk einschließlich aller seiner Teile ist urheberrechtlich geschützt. Jede Verwendung außerhalb der engen Grenzen des Urheberrechts ist ohne Zustimmung des Verlags unzulässig und strafbar. Das gilt insbesondere für Vervielfältigungen, Übersetzungen und für die Einspeicherung und Verarbeitung in elektronischen Systemen.

Pharmakologische Daten verändern sich ständig. Verlag und Autoren tragen dafür Sorge, dass alle gemachten Angaben dem derzeitigen Wissensstand entsprechen. Eine Haftung hierfür kann jedoch nicht übernommen werden. Es empfiehlt sich, die Angaben anhand des Beipackzettels und der entsprechenden Fachinformationen zu überprüfen. Aufgrund der Auswahl häufig angewendeter Arzneimittel besteht kein Anspruch auf Vollständigkeit.

Die Wiedergabe von Warenbezeichnungen, Handelsnamen und sonstigen Kennzeichen berechtigt nicht zu der Annahme, dass diese frei benutzt werden dürfen. Vielmehr kann es sich auch dann um eingetragene Warenzeichen oder sonstige geschützte Kennzeichen handeln, wenn sie nicht eigens als solche gekennzeichnet sind.

Es konnten nicht alle Rechtsinhaber von Abbildungen ermittelt werden. Sollte dem Verlag gegenüber der Nachweis der Rechtsinhaberschaft geführt werden, wird das branchenübliche Honorar nachträglich gezahlt.

Dieses Werk enthält Hinweise/Links zu externen Websites Dritter, auf deren Inhalt der Verlag keinen Einfluss hat und die der Haftung der jeweiligen Seitenanbieter oder -betreiber unterliegen. Zum Zeitpunkt der Verlinkung wurden die externen Websites auf mögliche Rechtsverstöße überprüft und dabei keine Rechtsverletzung festgestellt. Ohne konkrete Hinweise auf eine solche Rechtsverletzung ist eine permanente inhaltliche Kontrolle der verlinkten Seiten nicht zumutbar. Sollten jedoch Rechtsverletzungen bekannt werden, werden die betroffenen externen Links soweit möglich unverzüglich entfernt.

1. Auflage 2019

Alle Rechte vorbehalten
© W. Kohlhammer GmbH, Stuttgart
Gesamtherstellung: W. Kohlhammer GmbH, Heßbrühlstr. 69, 70565 Stuttgart
produktsicherheit@kohlhammer.de

Print:
ISBN 978-3-17-033744-2

E-Book-Formate:
pdf: ISBN 978-3-17-033745-9
epub: ISBN 978-3-17-033746-6
mobi: ISBN 978-3-17-033747-3

Inhalt

Einleitung 9

Teil I – Trauma und Traumafolgestörungen

1   Was ist eigentlich ein Trauma? 17

2   Stress und Trauma – eine kurze Einführung 21
     2.1   Stress und seine Auswirkung auf die Entwicklung 21
     2.2   Stressreaktionen und physiologische Aspekte 22
     2.3   Traumatisierung und »Fight-Flight-Freeze« 24

3   Die Posttraumatische Belastungsstörung 28
     3.1   Symptomatik 28
            3.1.1   Die Kriterien der PTBS in den
                     Klassifikationssystemen 29
            3.1.2   Komorbide Störungsbilder und Posttraumatische
                     Belastungsstörung 30
            3.1.3   Kriterien nach DSM-5 30
            3.1.4   Dissoziationen 32

4   Komplexe Posttraumatische Belastungsstörung (KTBS) 36

5   Traumafolgen und Vermeidung 38

6   Traumafolgen und Emotionsregulation 39
     6.1   Emotionsregulation und Strategien 40

7   Traumabelastungen bei Kindern und Jugendlichen mit
     Fluchthintergrund 42
     7.1   Sequentielle Traumatisierung und Flucht 42

8   Identität und Adoleszenz 45

9   Resilienz und Krisenbewältigung 47

Teil II – Unbegleitete minderjährige Flüchtlinge

10	Unbegleitete minderjährige Flüchtlinge – aber vor allem: Kinder und Jugendliche!	51
10.1	Einleitung und Überblick	51
10.2	Situation der minderjährigen Flüchtlinge	52
10.3	Rechtliche Situation von unbegleiteten minderjährigen Flüchtlingen	54
10.4	Psychosoziale Situation von unbegleiteten minderjährigen Flüchtlingen	55
10.5	Neue Screeningtools und diagnostische Erfordernisse	58
10.6	Fallbeispiel: Lula	66

Teil III – Therapie und Behandlung

11	Therapie und Behandlung	77
11.1	Behandlung und Struktur	77
11.1.1	Stabilisierung	78
11.1.2	Traumabearbeitung	79
11.2	Traumafokussierte-kognitive Verhaltenstherapie (Tf-KVT)	81
11.3	Narrative Expositionstherapie (NET)	83
11.4	Eye Movement Desensitization and Reprocessing (EMDR)	84
11.5	Dialektisch Behaviorale Therapie (DBT) und die Behandlung der Posttraumatischen Belastungsstörung (PTBS)	88

Teil IV – START

12	START – Ein Konzept für stark belastete Kinder und Jugendliche	93
12.1	Hintergrund des Konzepts	93
12.2	Der zweite Schritt der Konzeptualisierung	94
12.3	START in Einrichtungen der Jugendhilfe, Schulen, Beratungsstellen	95
12.4	Grundlagen des START-Konzepts	95
13	Was sind Skills?	99
13.1	Achtsamkeit	99
13.2	Stressregulation	100
13.3	Emotionsregulation/Umgang mit Gefühlen	100
14	Grundlagen von START	102
14.1	Inhalte des Manuals	103
14.2	Aufbau des Manuals	104

	14.3 Die START-Gruppe	105
	14.4 Struktur, Module und Sitzungen	106
15	**Ein Blick ins Manual – Sitzungsleitfaden und einige exemplarische Übungen**	107
	15.1 Auszug aus dem START-Modul 1	107
	15.2 Durchführung von Achtsamkeitsübungen	108
	15.3 Exemplarische Beispiele für Achtsamkeitsübungen	109
16	**Skillstraining – Stressregulation**	114
17	**Der Spannungsbogen und seine Funktion**	121
	17.1 Einleitende Information für Jugendliche	122
18	**Persönliche Skillsliste und Ausschneidebilder**	124
19	**START im Überblick: Thematische Schwerpunkte der fünf START-Module**	128
	19.1 Fallbeispiel Ali (16 Jahre) und seine Erfahrungen mit START	130
	19.2 Pilotstudie – START	130
20	**Schlusswort**	137
	Literatur	139
	Register	149

Einleitung

Jugendliche im Hochstress – dieses Phänomen ist kaum einer Zeitungsausgabe fremd und prägte bereits viele Schlagzeilen, insbesondere in den vergangenen fünf Jahren, in denen wir von Sprengstoffanschlägen, Messerattacken und Axtanschlägen lesen mussten. Allgemeine Aufregung ist eine natürliche Folge, löst aber das Problem nicht.

Die Bedürfnisse von schwer belasteten Kindern und Jugendlichen mit starken Stresserleben und Traumafolgen und auch den Belastungen nach Flucht und Kriegserlebnissen werden in Ausführungen in diesem Buch validiert. Wenn nach Stress- und Traumbelastungen vieles im Leben fremd geworden ist, Gefühle aus dem Gleichgewicht geraten sind, verändert sich nicht nur das eigene Leben gravierend, sondern auch die Partizipation am sozialen Leben. Nicht in jedem Fall entwickeln sich bei extrem bedrohlichen Ereignissen eine Posttraumatische Belastungsstörung, psychische Erkrankungen oder Traumafolgestörungen. Vielmehr befähigen Resilienzfaktoren Kinder und Jugendliche trotz belastender sozioökologischer Faktoren wie Armut, Gewalterfahrung und Traumatisierung, immer wieder eine ausreichende psychosoziale Anpassung zu erreichen und sich dennoch altersentsprechend entwickeln zu können.

Laut Shaffera et al. (2009) haben andererseits schwere Gewalterfahrungen zur Folge, dass die Fähigkeit zur Bewältigung typischer Entwicklungsschritte in den verschiedenen Altersstufen beeinträchtigt ist. In der Säuglings- und Kleinkindzeit führt Misshandlung zu Bindungsstörungen (Ciccetti und Barnett 1991). Dies bedeutet langandauernde, persistierende Störungen im Beziehungs- und Bindungsverhalten, insbesondere mit desorganisierten und/oder hochambivalenten Bindungsmustern. Im Kleinkindalter haben misshandelte oder anderweitig traumatisierte Kinder Schwierigkeiten, über innere Zustände und Gefühle von sich und anderen zu erzählen (Beeghly und Ciccetti 1994). In fortschreitender Kindheit und Adoleszenz treten vermehrt Verhaltensprobleme auf. In der Schulzeit kommt es zu Problemen im Umgang mit anderen Kindern: Die missbrauchten Kinder sind im Vorschulalter und in den ersten Schuljahren oft impulsiver, weniger beliebt und eher verschlossen oder distanzlos (Shaffera et al. 2009; Dodge et al. 1994). In der Adoleszenz zeigen sie dann vermehrt impulsives und/oder antisoziales Verhalten (Shaffera et al. 2009). Auch Selbstverletzungen oder Depressionen sind beschrieben. Impulshaft ausagierendes Verhalten wiederum kann zu Störungen in vielen Bereichen führen, insbesondere hinsichtlich Promiskuität, Drogen- und/oder Alkoholkonsum, Schulversagen, Delinquenz und/oder Weglauftendenzen.

Diese Kinder und Jugendliche, die aufgrund außergewöhnlicher und bedrohlicher Erlebnisse psychisch belastet sind, können von psychotherapeutischen und psychiatrischen Hilfen sehr profitieren. Aber gerade auch die Schwere der Beeinträchtigungen und Erkrankungen verhindert häufig, dass sich Kinder und Jugendliche für eine weiterführende aufarbeitende Psychotherapie überhaupt entscheiden können. Sie greifen nicht selten zu maladaptiven Bewältigungsstrategien, die negative Auswirkungen auf die psychische Entwicklung und sie soziale Integration in die Familie, Kindergarten, Schule, Ausbildungsstelle und in der Gruppe der Peers haben. Erste stabilisierende Hilfen sind wichtig bei schwer belasteten Jugendlichen, denen buchstäblich der Boden unter den Füßen weggezogen worden ist. Erste stabilisierende Hilfen, um Krisen selbstwirksam überstehen zu können, können der Türöffner zu weiteren Hilfen und Regulationsprozessen sein. Hier setzen niedrigschwellige Hilfen wie START an.

Interventionen bei psychischen Stress- und Traumafolgen im Kindesalter

Grundsätzlich gibt es zwei Schwerpunkte der Psychotraumatologie, die parallel oder aber auch einzeln zur Anwendung kommen können.

Schwerpunkt 1 – Ressourcenarbeit

Der Ressourcenarbeit kommt nicht nur in der Psychotherapie, sondern auch im häuslichen Umfeld, Schule, Jugendhilfe etc. eine wesentliche und wichtige Stabilisierungsfunktion zu. Letztere ist unerlässlich insbesondere bei schwer und komplex traumatisierten Kindern und Jugendlichen und arbeitet an Basis-Kompetenzen wie Affektregulation, Impulskontrolle, Selbstwertstärkung und Selbststeuerungskompetenzen sowie Selbstwirksamkeitserwartungen und den Objektbeziehungen, und insbesondere bei Patienten mit maladaptiven Bewältigungsversuchen wie z. B. Selbstverletzungen und impulsdurchbrechende Verhaltensweisen kommen diesen Kompetenzen eine Schlüsselrolle in der Therapie zu. Der Ressourcenarbeit, in ihren gesamten Aspekten, trägt ganz besonders das eigens von den Autorinnen entwickelte START-Programm Rechnung, dessen Komponenten im Einzelnen in diesem Buch beschrieben werden.

Schwerpunkt 2 – Traumatherapie-Verfahren im Rahmen der Psychotherapie

Trauma-Exposition, die auf verhaltenstherapeutische Trauma-Therapieverfahren basiert, funktioniert nach dem Prinzip der Habituation, bzw. Desensibilisierung.

Inwieweit eine Trauma-Exposition wichtig und anzustreben ist, muss der Therapeut[1] abwägen unter Berücksichtigung der individuellen Gegebenheiten des

---

1 Im Folgenden wird aus Gründen der besseren Lesbarkeit zumeist die männliche Schreibweise verwendet, es sind jedoch immer beide Formen gemeint. Wir danken für Ihr Verständnis.

Patienten, seines Umfelds, seiner Stabilität und nicht zuletzt auch seiner Motivation. Eine Exposition setzt in der Regel immer eine vorherige Stabilisierungsarbeit voraus im Sinne einer Stärkung der Ressourcen, z. B. hinsichtlich einer Regulation der bei einer Exposition unvermeidlich entstehenden heftigen Affekte. Auf Expositionsarbeit basiert unter anderem die traumafokussierte, kognitiv-behaviorale Therapie (TF-KVT), das am besten evaluierte Verfahren, dessen Einsatz auf der kinderpsychiatrischen Station wird im Folgenden beschrieben wird.

Die wertschätzende Wahrnehmung der jeweils anderen Perspektive, das konstruktive Aushandeln von Vereinbarungen und tragfähigen Kompromissen unter gleichzeitiger Beachtung von Beziehungssicherung und Selbstachtung sind zentrale Ziele dieser therapeutischen Arbeit.

Eine affektive Instabilität, aber insbesondere die Symptome von Trauma-Folgestörungen wie dissoziative Störungen, Wiedererleben in Form von Intrusionen, Flashbacks, Albträume, Vermeiden/emotionale Taubheit als auch ein vegetatives Hyperarousal und damit einhergehende Reizbarkeit, Wutausbrüche und Konzentrationsprobleme sowie dysfunkionale Coping-Strategien wie Alkohol- und Cannabisabusus machen eine aufarbeitende Trauma-therapeutische Behandlung oft nicht möglich.

Vor der Exposition muss dabei immer und unbedingt auch eine Stabilisierung stattfinden.

Für eine spezifische expositionsbasierte Arbeit ist eine vorausgehende, ausführliche spezifische Diagnostik zu Traumatisierung und Trauma-Folgestörungen (CATS, IBS-KJ, KIDDIE-SADS) unerlässlich, denn nicht jedes Kind oder jeder Jugendliche, das oder der eine Traumatisierung erfahren hat, entwickelt auch eine Trauma-Folgestörung.

Weitere Voraussetzungen für eine traumatherapeutische Behandlung sind grundlegend die Wiedererlangung und Kontrolle über Bereiche wie Umgang mit Suizidalität, Selbstverletzungen und Dissoziationen. Ein Ziel besteht in der Verbesserung der Lebensqualität. Therapeuten sollten in einem trauma-therapeutischen Verfahren gut ausgebildet sein und über entsprechende Erfahrung verfügen.

Dieses Buch beschreibt daher auch Elemente der »Traumafokussierten kognitiven Verhaltenstherapie« (Cohen et al. 2006, deutsche Übersetzung Goldbeck 2009) und der »Narrative Exposure Therapy« (Schauer et al. 2005) und EMDR (Shapiro 1999/2014) und als möglichen Ausblick auch im Adoleszentenbereich das Konzept der DBT-PTBS Behandlung (Bohus 2013, Steil et al. 2015).

Einen besonderen Schwerpunkt des Buches bildet die Darstellung von START, das kulturintegrative, niedrigschwellige Erststabilisierungskonzept für Kinder und Jugendliche zur Arousalregulation und Bewältigung von Hochstressphasen. Die Intervention fokussiert im zweiten Schritt auf die Stärkung der Selbstwirksamkeit und Resilienzförderung.

Grundlagen und Basiswissen zum Thema Trauma, Stress und Behandlungsstrategien, sowie die besondere Situation von Kindern und Jugendlichen mit Fluchterfahrungen werden dem interessierten Laien und Fachmann in diesem Band im vermittelt. Besonders für die Anwendung des START-Programms wird eine fundierte Wissensbasis zugrunde gelegt.

Die Aktualität und Brisanz der Situation wird deutlich durch den Abschnitt über die psychosoziale und emotionale Situation von Flüchtlingskindern. Die Vorstellung des von den Autorinnen selbstentwickelten Stabilisierungsprogramm START, das für alle belasteten Kinder und Jugendlichen interkulturell und integrativ einsetzbar ist, sollte den Leser ermutigen, seine eigenen Schritte damit zu wagen.[2]

Neben den Grundlagen zu Trauma- und Stressfolgen und der Vorstellung des START-Programms werden in diesem Buch exemplarisch evidenzbasierte Therapiemethoden vorgestellt. Anhand von Fallbeispielen werden die einzelnen Themenschwerpunkte plastisch präsentiert.

Die Autorinnen haben ein Konzept entwickelt mit dem Titel »START – Stress-Traumasymptoms-Arousal-Regulation-Treatment«, das Kindern und Jugendlichen ermöglicht, Hochstressphasen und emotionale dauerhafte oder wiederkehrende Belastungszustände möglichst unbeschadet zu überwinden. Das Programm kann dabei helfen, Kurzschlussreaktionen und Übersprungshandlungen zu vermeiden und so größere Schäden für andere und für das Individuum selbst – z. B. selbstschädigendes Verhalten, Substanzkonsum, Suizidhandlungen, Impulsdurchbrüche – zu verhüten. Zumal problematische Verhaltensmuster und schwere Stresszustände eine Integration in psychosozialen Kontexten wie Schule, Wohngruppen und in der Gruppe von Peers erschweren.

Mit START wird im Rahmen einer Kurzintervention Kindern und Jugendlichen in ihrer emotionalen Not eine Hilfe zur Verfügung gestellt, einerseits um zunächst akute Krisen überstehen zu können und andererseits Selbstregulationsmöglichkeiten wiederzuerlangen. Zentral fokussiert START durch den Einsatz von Skills auf das Wiedererlangen von Selbstkontrolle und Steuerung des eigenen Verhaltens in Krisensituationen.

Anhand von Fallbeispielen und der Darstellung der angewendeten Methoden wird dem Leser auf einfache und verständliche Weise vermittelt, wie die Betroffenen Stress reduzieren können und auch Gefühle zu regulieren lernen. Strategien, um positive Erfahrungen und Gefühle wahrzunehmen und eigene Ressourcen zu erkennen und zu stärken, sind bedeutsam und finden explizite Berücksichtigung im Konzept. Eine Grundüberlegung ist, dass durch den Einsatz von Fertigkeiten und Skills das Erleben von Selbstwirksamkeit und Resilienz gefördert werden kann. Neben unmittelbaren Stressregulations- und Emotionsregulationsstrategien werden in START Achtsamkeitsübungen und Selbstberuhigungstechniken zur Anwendung gebracht.

Kinder und Jugendliche, die aufgrund von vielfältigen, vielleicht sehr belastenden, invalidierenden oder auch traumatischen Erfahrungen leiden, können von START profitieren.

Die rasche Verbreitung des START-Programms in Kliniken und Jugendhilfeeinrichtungen und in Schulen zeigte, dass es das richtige Konzept zur richtigen Zeit ist. Ein Effekt, den auch die in diesem Band vorgestellten Evaluationsdaten belegen.

---

2 Eine Schulung oder ein Workshop durch die Autorinnen kann jederzeit angefragt werden unter: www.startyourway.de.

Im Buch wird zudem der besonderen psychosozialen, klinischen und wissenschaftlichen Ausgangslage, in der sich auch die elementaren Grundzüge des START-Programmes begründen, ein weiterer großer Abschnitt gewidmet.

Wir wünschen viel Freude beim Lesen und der Umsetzung von Anregungen in Therapie und Pädagogik!

Andrea Dixius und Eva Möhler

Teil I – Trauma und Traumafolgestörungen

1 Was ist eigentlich ein Trauma?

Trauma (griechisch: »Wunde«) ist sowohl ein medizinischer, als auch ein psychologischer Begriff. Medizinisch definiert er größere körperliche Verletzungen oder Wunden und kann psychologisch analog als »seelische Wunde« beschrieben werden. Ein Trauma kann durch ein Ereignis oder durch mehrere extrem bedrohliche Erlebnisse verursacht werden, was zu einer tiefgehenden Erschütterung führen kann.

In diesem Moment der traumatischen Erlebnisse stehen vereinfacht ausgedrückt keine Bewältigungsmöglichkeiten zur Verfügung. Fischer und Riedesser (1999, S. 84) beschreiben dies als ein »vitales Diskrepanzerleben zwischen bedrohlichen Situationsfaktoren und individuellen Bewältigungsmöglichkeiten, welches mit dem Gefühl der Hilflosigkeit und schutzlosen Preisgabe einhergeht und so eine dauerhafte Erschütterung von Selbst- und Weltverständnis bewirkt«.

Bereits in der Kindheit erlebte Traumata oder existentiell bedrohliche Erlebnisse können ihre Spuren während der gesamten Entwicklung hinterlassen, stressbedingte Störungen nach sich ziehen und im Erwachsenenalter den Gesundheitszustand beeinträchtigen (Felitti et al. 1998, Witt et al. 2017, Münzer et al. 2017).

Den Beschreibungen von Traumafolgen liegen verschiedene Theorien und Entwicklungsmodelle zugrunde. Im Folgenden soll an dieser Stelle auf die grundlegenden und übergreifenden Prozesse und Symptome, die mit einem Trauma in Verbindung gebracht werden, eingegangen werden.

Das Erleben von traumatisierten Menschen ist oft kräftezehrend. Das Gefühlserleben wird oft als fremd und unkontrollierbar wahrgenommen. Das emotionale Erleben von traumatisierten Personen ist häufig durch intensive Angst, Schuld, Scham, Traurigkeit, Ärger oder auch emotionale Taubheit geprägt, häufig existieren Entfremdungsgefühle, sozialer Rückzug, Symptome autonomer Übererregung, z. B. eine erhöhte Reaktionsbereitschaft, starke Schreckreaktionen, Reizbarkeit, Konzentrationsprobleme, Schlafstörungen und Albträume. Aber auch selbstverletzendes Verhalten, Suizidalität, Dissoziationen können als Folge eines Traumas auftreten (▶ Kap. 3).

Traumatische Belastungen haben Auswirkungen auf die psychosoziale Entwicklung von Kindern und Jugendlichen. Existentiell bedrohliche Lebensereignisse beeinflussen den psychischen und auch körperlichen Gesundheitszustand. Besonders Kinder und Jugendliche werden durch traumatische Erlebnisse in ihren Entwicklungsschritten eingeengt (Hensel 2017). Entwicklungsaufgaben wie sich an die Schule zu gewöhnen, sich von Eltern zu lösen, Selbstkonzept und Persönlichkeit auszubilden und weitere zentrale Entwicklungsaufgaben werden durch Traumatisierung eingeengt. Das Kind oder der Jugendliche kann seine Interessen verlieren und in seiner Identitätsentwicklung negativ beeinträchtigt werden. Auch gesellschaftliche Anforderungen können oft nicht mehr gut erfüllt werden, wie z. B. Schulleistungen zu erbringen, Hobbies nachzugehen oder auch einfach im Kontakt mit Peers zu sein. Es ist leicht nachvollziehbar, dass dies zu weiteren Komplikationen und zu sozialen und psychischen Beeinträchtigungen und Störungen führen kann.

Die Ausprägung von Traumafolgen ist vom Entwicklungsstand und vom Alter des Kindes oder des Jugendlichen abhängig. Die Traumaerinnerungen bzw. fragmentierte Erinnerungen entsprechen dem physischen, mentalen, emotionalen und kognitiven Entwicklungsstand des Betroffenen zum Zeitpunkt des Traumas. Bei jüngeren Kindern sind Traumaerlebnisse oder Aspekte davon oft in Spielszenen wiederzuerkennen. Albträume können ohne erinnerbaren Inhalt auftreten. Das Zusammenspiel von (Gehirn-)Entwicklung und Stressfaktoren und deren Interpretation sowie der Verarbeitung von traumatischen Ereignissen ist abhängig vom Entwicklungsstand des Kindes. Beobachtbare Symptome drücken sich zusätzlich in Rückzugsverhalten, Schlafstörungen, Konzentrationsstörungen, Trennungsängsten, Reizbarkeit, Wutausbrüchen, neu auftretenden Ängsten, externalisierenden Verhaltensproblemen und einem Verlust von schon erworbenen Fähigkeiten aus (Steil et al. 2009). Zudem kann ein Zurückverfallen in vergangenes Verhalten, wie z. B. erneutes Einnässen, Baby-Sprache, häufiges Weinen, bei Kindern beobachtet werden.

Sekundäre Stressoren, veränderte Lebensumstände, Beziehungsabbrüche und Trennungen oder auch psychisch belastete oder erkrankte Eltern spielen eine wichtige Rolle für die Entwicklung von psychischen Belastungen bzw. Erhöhung der Vulnerabilität bei Kindern.

Bei älteren Kindern, Jugendlichen und Erwachsenen sind dissoziative Zustände, Flashbacks, Vermeidungsverhalten, Entwicklung intensiver Ängste, somatoforme Beschwerden, emotionale Dysregulation, Depressionen, aggressive und impulsive Verhaltensweisen, Schlafstörungen, Albträume, selbstverletzendes Verhalten, reduzierte Belastungstoleranz, Drogenkonsum, Suizidgedanken unter anderem zu beobachten (Steil et al. 2009).

Häufig fühlen sich Menschen nach einem erlebten traumatisierenden Ereignis sehr verändert. Dabei können Bereiche der Gefühlswahrnehmung, des Denkens, des Verhaltens und der Körperwahrnehmung beeinträchtigt sein. Manchmal können ungesteuert, willkürlich und plötzlich belastende »innere Bilder« oder »innere Filme« mit traumaassoziierten Inhalten auftreten. Selbst Stimmen, Gerüche, Köpersensationen, Geräusche und Gedanken, die mit dem traumatischen Ereignis gekoppelt sind, führen zu Beeinträchtigungen im Erleben und Verhalten. Letztlich reagieren Psyche und Körper auf einen erlebten Ausnahmezustand. Dies kann als eine Reaktion beschrieben werden, um mit dem »unfassbaren« traumatisierenden Ereignis einen Weg zu finden, das traumatisierende Ereignis zu überstehen. Plötzlich erscheint das Leben aus der Balance geraten.

Traumatisierende Ereignisse sind vielfältig. Eine Klassifikation nach Terr (1991) unterteilt Trauma dabei in *Typ I – Traumata* als ein kurzandauerndes, einmaliges Ereignis und in *Typ II – Traumata* als langandauende, sich wiederholende Ereignisse (Landolt 2004, Landolt und Hensel 2008).

Typ I-Traumata umfassen schicksalhafte, meist einzelne Ereignisse wie z. B. den Tod eines geliebten Menschen, einen Unfall oder eine lebensbedrohliche Erkrankung, aber auch die Ansicht eines Films mit stark ängstigenden Inhalten kann zu einer außerordentlichen Belastung führen, genauso wie die Zeugenschaft eines Bedrohungserlebnisses.

Typ II-Traumata beschreiben sogenannte »man-made-disasters« – von Menschen verursachte Traumata wie z. B. Kindesmisshandlung, intrafamiliäre Gewalt, sexuellen Missbrauch, schwere emotionale und körperliche Vernachlässigung, Kriegs-, Terror- und Fluchtbelastungen. »Man made disaters« sind besonders gravierend, da sie das basale Sicherheitsbedürfnis erschüttern, das Vertrauen zu anderen Menschen. Die von Menschen erzeugten Traumata sind häufig die Ursache einer schwerewiegenden, meist komplexen Traumatisierung. Die Folgen sind in einem breiten Spektrum psychischer Symptome und Störungen zu finden.

Entwicklungstraumata

Kinder sind während ihrer Entwicklung oft über Jahre hinweg chronischen, emotionalen und körperlichen Vernachlässigungen, Gewalt und Misshandlungen sowie inadäquater Versorgung ausgesetzt. Diese interpersonellen Traumata werden in bisherigen Klassifikationssystemen nicht entsprechend abgebildet.

Diskutiert wird die Einführung der Diagnose Entwicklungstrauma-Störung (Developmental Trauma Disorder – DTD; van der Kolk 2009). Belastende und traumatische Kindheitserfahrungen sind einengend und haben tiefgreifenden, negativen Einfluss auf die Entwicklungsmöglichkeiten des Kindes. Mangelnde Sicherheit, chronische Überforderung und permanenter Stress führen bei vielen Kindern und Jugendlichen zu massiven psychischen, psychosomatischen, körperlichen und emotionalen Störungen. In einer großen Studie – Adverse Childhood Experiences (ACE) von Felitti et al. (1998) – wurden 17.337 Personen im Alter von 19–92 Jahre retrospektiv nach ihren Kindheitsbelastungs-Erfahrungen im Alter unter 18 Jahren befragt. Die Studienergebnisse zeigten eine höhere alltägliche Belastung als angenommen und u. a. einen signifikanten Zusammenhang von Kindheitsbelastungen und psychischen Erkrankungen, Substanzabusus, psychosomatischen und körperlichen Erkrankungen und einer Vielzahl weiterer Erkrankungen (Felitti et al. 1998).

Wenn die wichtigsten Bezugspersonen intensiven, hochbelastenden Stress verursachen, dann führt dies zu Entwicklungsbeeinträchtigungen der betroffenen Kinder. Eine regelrechte, chronische Dauerüberforderung führt zum Gefühl des Ausgeliefertseins und der Hilflosigkeit. Bewältigungsstrategien sind noch nicht vorhanden oder können nicht altersentsprechend entwickelt werden. Das Kind befindet sich in dem Dilemma, sich einerseits auf Bezugspersonen nicht verlassen zu können und andererseits enormen emotionalen, psychischen oder physischen Belastungen ausgesetzt zu sein (van der Kolk 2009).

Fegert (2017) schildert, dass Misshandlungsformen am häufigsten in der eigenen Familie vorkommen. Bei einer respräsentativen Befragung mit dem Childhood Trauma Questionnaire (CTQ) wurden 2510 Personen im Alter zwischen 14 und

94 Jahren in Deutschland interviewt. Die Ergebnisse der Befragung zeigte, dass 6,5 % der Befragten über 14 Jahre von erheblicher emotionaler Misshandlung, 6,7 % von körperlicher Misshandlung, 7,6 % von sexuellem Missbrauch, 13, 3 % von emotionaler Vernachlässigung und 12,5 % von körperlicher Vernachlässigung nach Angaben im CTQ betroffen waren (Witt et al. 2018).

Fehlende soziale und familiäre Bezüge begünstigen die Entwicklung von Traumafolgen oder einer PTBS (Trickey et al. 2012). Unbegleitete minderjährige Flüchtlinge sind davon besonders betroffen und können unter einer permanenten Überforderung leiden. Bezugspersonen können in der Regel ihren Kindern zur Wiedererlangung von Sicherheit nach belastenden oder traumatischen Erlebnissen beistehen (van der Kolk 2009) und maßgeblich zur Stabilisierung beitragen.

Die Zahl psychischer Störungen ist bei der besonders vulnerablen Gruppe der unbegleiteten minderjährigen Flüchtlinge deutlich erhöht (Gavranidouet al. 2008, Fazel et al. 2005, Huemer et al. 2009, Derluyn und Broekaert 2009, Unterhitzer et al. 2015, Plener et al. 2017, Kaltenbach et al.2017).

Die Mehrzahl der unbegleiteten minderjährigen Flüchtlinge hat traumatische Erfahrungen, häufig Flucht- und Kriegserfahrungen.

Kinder und Jugendliche, denen durch traumatische Erfahrungen buchstäblich »der Boden unter den Füßen weggezogen wurde«, versuchen mit viel Angst, aber auch Mut und Kraft ins Leben (zurück) zu finden.

Einem hohen Anteil der Kinder und Jugendlichen begegnen wir in unserer Arbeit in der Kinder- und Jugendhilfe und in therapeutischen Kontexten und Kliniken.

Allerdings führen nicht bei jedem Menschen traumatische Ereignisse zu psychischen Störungen, belastenden Traumafolgen oder zu einer Posttraumatischen Belastungsstörung (PTBS). Vielmehr reagieren Menschen sehr unterschiedlich. Resilienzfaktoren, Stärken und individuelle Ressourcen spielen eine große Rolle bei der Krisenbewältigung und schützen vor dauerhafter Erkrankung oder starken Einschränkungen des Funktionsniveaus.

2 Stress und Trauma – eine kurze Einführung

2.1 Stress und seine Auswirkung auf die Entwicklung

Möhler et al. (2006) sowie Rothenberger, Resch und Möhler (2011) konnten in einer prospektiven Studie zeigen, dass »Early Life Stress« (ELS) die Cortisol-Ausschüttung aktiviert und dass dieses die Verhaltenshemmung von Kleinkindern vermindert. Dies lässt sich mittlerweile einordnen in einen ganzen Forschungsstrang zum Early Life Stress (Übersicht z. B. Lahti et al. 2017, Nolvi et al. 2017), in dem sich Hinweise mehren, dass prä- und postnataler Stress in der frühen Kindheit mit einem späteren Risiko für psychische Störungen einhergeht. Vorrangiger Befund ist ein Einfluss auf Selbstregulation und Exekutivfunktionen, sodass aktuell der »Early Life Stress« von vielen Autoren als ausgesprochen wichtiger Prädiktor für die spätere Entwicklung identifiziert wird (Korja et al. 2017, van den Bergh 2017). Den Ausgang fand dies unter anderem auch in der Arbeitsgruppe von Heim und Nemeroff (2001), die die neurobiologischen Veränderungen und psychopathologischen Konsequenzen im Zusammenhang früh einsetzender aversiver Entwicklungsbedingungen belegen konnten.

Auch de Bellis et al. (2001) haben in ihren umfassenden Arbeiten die Konsequenzen traumatischen Stresserlebens auf die Gehirnentwicklung untersucht und stressinduzierte Störungen der Gehirnreifung nachgewiesen. Untersuchungen am Tiermodell (Gorman et al. 2002) konnten nachweisen, dass postnatale Stressbedingungen zu überdauernden Veränderungen in der Regulation der Neurotransmission der biogenen Amine führt – verbunden mit einer Störung der exekutiven Funktionen. Ebenso wurde der Nachweis erbracht, dass chronische Stressbedingungen zu einer überdauernden Änderung der neuroendokrinen Stressreaktivität führen (Poustka et al. 2010, Liu et al. 2000) und gleichzeitig mit Störungen der exekutiven Kontrolle verbunden sind (Lyons et al. 2000). So bestehen zunehmend Hinweise darauf, dass Umweltbedingungen die adrenale Entwicklung und Sekretion stören, was wiederum Auswirkungen auf Hirnreifungsprozesse hat (Mirescu et al. 2004; Sanchez et al. 2001; Sapolsky 1997). Diese Daten legen einen dringenden Forschungsbedarf auf der Ebene der frühesten *Entstehungsbedingungen* dieser Funktionen und ihrer potentiellen Stressanfälligkeit nahe, insbesondere, da die ersten Lebensjahre durch das besonders starke Gehirnwachstum eine Phase stark erhöhter cerebraler Umgebungs-Sensitivität (O'Donnel und Meaney 2017) darstellt und somit unter Umständen strukturelle hirnphysiologische Veränderungen vulnerabler Bereiche mit entsprechenden psychopathologischen Konsequenzen denkbar wären.

Es ist beschrieben, dass Cortisol und Katecholamine über eine *funktionelle* Störung des präfrontalen Kortex ähnliche Symptome hervorrufen konnten, wie sie von *strukturellen* Schädigungen präfrontaler Areale bekannt sind: verminderte Aufmerksamkeitskapazität, impulsives Verhalten und Hyperaktivität (Arnsten 1999; Arnsten und Goldman-Rakic 1998). Mittlerweile ist die Cortisol- und Katecholaminsensitivität frontolimbischer Strukturen eine mehrfach replizierte Erkenntnis (Kolb et al. 2017, Thijssen et al. 2017). Posner und Rothbarth (2009) stellen Befunde zusammen, die hier auch den Sitz der Exekutivfunktionen und der Emotionsregulation belegen. Mittlerweile ist zudem auch die längsschnittliche Bedeutung der Impulskontrolle und Selbstregulation im Kindergartenalter wissenschaftlich durch zahlreiche hochrangige Studien belegt (Shiner et al. 2012, Bridgett et al. 2015, Nigg et al. 2017).

2.2 Stressreaktionen und physiologische Aspekte

Die physiologischen, biochemischen und hormonellen Prozesse beeinflussen täglich unsere Körperreaktionen (Levine 2015, van der Kolk 2014) und unterliegen Schwankungen im Tagesverlauf. Dies ist eine normale Reaktion. Treten Stressoren auf, können diese Prozesse als Anpassungsprozesse interpretiert werden, um Stressoren zu bewältigen.

Erleben wir Stress, dann reagiert der Körper mit der Veränderung der inneren Regulationsprozesse. So steigt unter anderem die Anspannung, der Muskeltonus erhöht sich, die Atmung, die Herzfrequenz steigt. Bei leichter Anspannung ist der Mensch durchaus in der Lage, noch gut nachzudenken wie z. B. in einer Prüfungssituation.

Unser Nervensystem besteht aus zwei Hauptbereichen, dem peripheren und dem zentralen Nervensystem (ZNS), die wiederum aus Gehirn und Rückenmark bestehen. Das autonome Nervensystem (ANS) ist dem peripheren Nervensystem zugeordnet, hat aber auch Zellverbindungen zum ZNS. Vereinfacht ausgedrückt, teilt sich das autonome Nervensystem in das parasympathische und das sympathische System und reguliert die Körperprozesse und die Organe. Das sympathische System ist aktivierend und das parasympathische System »beruhigend«, zudem dient es auch der Wiederherstellung der normalen Körperfunktionen (Herzrate, Puls, Muskeltonus usw.) nach einer Stresssituation (van der Kolk 2014, 2015).

Eine wichtige Rolle spielen die Hormone bei der Regulierung der Körperfunktionen und Reaktionen (▶ Kap 2.1). Das hormonelle System wird vom Hypothalamus kontrolliert, quasi als Schaltzentrum für die Ausschüttung von Hormonen in den Blutkreislauf. Die Hyphophyse wiederum, welche anatomisch unterhalb des Hyphothalamus im Gehirn lokalisiert ist, steuert über die endokrinen Drüsen die Sekretion der Botenstoffe. Die Nebennieren sind Drüsen, die bei Stress eine zentrale Rolle einnehmen. Im sogenannten Nebennierenmark werden die Hormone Adrenalin, Noradrenalin ausgeschüttet und haben Einfluss auf die inneren Organe. In der Nebennierenrinde werden Glukokortikoide bei Stress freigesetzt.

Je stärker der Stress und je höher die Anspannung wird, desto mehr geraten die physiologischen Prozesse aus dem Lot. Die höheren Hirnregionen sind nur bedingt mit einbezogen. Bruchstücke des Erlebten werden in unterschiedlichen Wahrnehmungsqualitäten im Gehirn und im Körpererleben, in Muskeln und im emotionalen Gedächtnis abgespeichert. Sie sind nicht bewusst abrufbar, treten aber durch Triggerreize unwillkürlich auf (Handtke und Görges 2012)

Eine Jugendliche, die durch selbstverletzendes Verhalten ihre Anspannung reduziert, wägt vielleicht noch Pro und Contra der Selbstverletzung ab. Eventuell entscheidet sie sich für gewohnte und automatisierte Verhaltensweisen und setzt die maladaptive Strategie »schneiden« ein. Das gewohnte Muster greift, wenn die vergangene Lernerfahrung war, dass die Anspannung sich durch Schneiden reduziert. Je höher der Stress bzw. die Anspannung, desto undifferenzierter die Regulationsmechanismen (Handtke et al. 2012). Neue adaptive Handlungsalternativen müssen erst in non-Stressphasen erprobt werden.

Positiv bewältigte Stresssituationen fördern Selbstwirksamkeit und Resilienz.

Anders verhält es sich, wenn eine extrem bedrohliche Situation erlebt wird und das Gefühl der Hilflosigkeit und starker Angst vorherrscht, dann setzt ein »Notfallprogramm« ein.

Besteht Gefahr, werden alle »Alarmsysteme« aktiviert, sobald die Gefahr vorüber ist, kehrt der Körper ziemlich schnell in seinen normalen Zustand zurück.

Ein Beispiel: Nehmen wir ein »Alarmsignal«: Ein Autofahrer bemerkt erst sehr spät das Stauende auf der Autobahn und muss schnell reagieren. Er kann seinen PKW noch frühzeitig stoppen. Die Gefahr und die Schreckreaktion führten schnell zu raschen physiologischen Reaktionen. Nachdem alles gutgegangen ist, normalisieren sich der Herzschlag, der Blutdruck, die Atmung, die emotionale Erregung, und das parasympathische Nervensystem führt zu einer Normalisierung nach der Stress- und Schreckenssituation.

Van der Kolk (2015) wählt eine einfache Metapher zur Beschreibung des »Notfallprogramms« und beschreibt das Zusammenwirken von Amygdala und präfrontalen Kortex. Die Amygdala fungiert in dieser Metapher als »Rauchmelder« und der präfrontale Kortex als »Überwachungszentrale«. Die Amygdala reagiert sehr schnell auf einen Reiz »Rauch« und löst sofort »Alarm« aus. Die »Überwachungszentrale« – der Hippocampus – wägt nun ab, ob die Anzeichen wirklich für eine tatsächliche Gefahr durch einen Hausbrand sprechen oder ob der Rauch vielleicht durch ein verbranntes Essen verursacht wurde. Je nach Ausmaß und Abwägung erfolgt dann normalerweise eine rasche Handlungsreaktion zur Bewältigung der Krise.

> Ein Beispiel: Natasha ist 12 Jahre alt und besucht ihre Freundin Mira übers Wochenende. Miras Eltern führen abends ein lautes Streitgespräch. Die Situation ist ein Triggerreiz für Natasha und initiiert automatisierte und traumaassoziierte psychische und physiologische Reaktionen. Natashas Eltern, die mittlerweile seit vier Jahren getrennt sind, hatten früher häufig Streit, der mit schwerer körperlicher Gewalt durch den Vater verbunden war. Die Gewalt

richtete sich damals sowohl gegen Natasha, als auch gegen ihre Mutter. Natasha hatte damals enorme Angst und konnte sich nicht wehren. Die Mutter bagatellisierte die Gewalt des Vaters.

Die aktuelle Unterhaltung von Miras Eltern hat objektiv bewertet, keine schlimmen Folgen. Bei Natasha führt dies jedoch zu einer traumaassoziierten Reaktion. Sie sitzt teilnahmslos auf dem Boden, reagiert nicht auf ihre Freundin und zittert. Natashas starke Reaktion ist für ihre Freundin Mira nicht nachvollziehbar. Die Reaktionen führen also zu interpersonellen Konsequenzen und aktivieren sekundäre Gefühle. Natasha erlebt zunächst Angst (primäres Gefühl) und später das Gefühl der Scham (sekundäres Gefühl). Sie zieht sich von ihrer Freundin zurück. Schnell wird deutlich, dass Traumafolgereaktionen soziale Auswirkungen haben.

Natasha wurde durch den Streit von Miras Eltern »getriggert«. Sie schilderte später, dass sie sich plötzlich so »wie früher« gefühlt habe, Bilder von schlimmen Streitsituationen mit ihrem Vater seien in ihr hochgekommen. Sie habe sich wie gelähmt gefühlt und habe nicht reagieren können. Sie leide sehr unter diesen Erinnerungen. Sie habe sich ihrer Freundin gegenüber geschämt, weil sie nicht mehr gewusst habe, wie sie reagieren solle, und deshalb sei sie später weggelaufen.

2.3 Traumatisierung und »Fight-Flight-Freeze«

Zunächst ist es wichtig, den Zusammenhang von wichtigen Hirnstrukturen kurz zu beleuchten. Der Hippocampus und die Amygdala sind Teile des ältesten Hirnteils, dem limbischen System (Handtke 2012, Levine 2015).

Über die Sinnesorgane treffen alle Informationen zunächst auf die Amygdala (»Mandelkerne«). Die Amygdala übernimmt blitzschnell eine Bewertung der Eindrücke: Sind diese neutral, ungefährlich bzw. nicht lebensbedrohlich, werden die Informationen an den Hippocampus weitergeleitet. Der Hippocampus kann als Ordnungssystem verstanden werden, welches die raumzeitliche Einordnung der Informationen übernimmt. Der Hippocampus ist dem Neocortex (dem entwicklungsgeschichtlich jüngstem Gehirnteil) in der Informationsverarbeitung vorgeschaltet. Die »grauen Zellen« des Neocortex sind verantwortlich für die sprachliche Verarbeitung und das selbstreflexive Denken.

Werden nun die Sinneseindrücke als ein lebensbedrohliches Ereignis oder als Gefahr bewertet und Angst, Stress und Furcht erzeugt, dann wird der Körper über die Amygdala blitzschnell in einen »Alarmzustand« versetzt. Der Organismus hat die Fähigkeit, auf extrem bedrohliche Ereignisse eine automatisierte Reaktion des Körpers zu aktivieren. Das aktivierte Notfallprogramm dient der Überlebenssicherung. Das Programm läuft als automatischer Prozess unter Beteiligung von ineinandergreifenden physiologischen Abläufen und ohne bewusste, planbare und überlegte steuerbare Prozesse ab. Kontrollierte Reaktionen über den Neokortex werden inhibiert, zu Gunsten eines extrem schnellen »Überlebensprogramms« oder einer Notfallreaktion (Bremner 2002).

Das »Notprogramm« aktiviert die Ausschüttung von Hormonen, die direkte Auswirkung auf die physiologischen Prozesse im Körper haben. Ein Adrenalinstoß wird aus der Nebennierenrinde freigesetzt und das sympathische Nervensystem wird sofort aktiviert. Über den Blutstrom wird binnen kurzer Zeit das Körpergeschehen auf die physiologischen Bedürfnisse einer »Alarmreaktion« umgestellt. Die Herz-, Puls- und Atemfrequenz wird durch die Ausschüttung von Hormonen (adrenocorticotrones Hormona, Cortisol und Adrenalin) erhöht (Carletto, Borsato, 2017). Die Muskelspannung erhöht sich und der Körper wird in den *Stressmodus* gesetzt, bereit zum »Kampf oder zur Flucht«.

Befindet sich ein Mensch in Gefahr, dann kann er versuchen, sich zu wehren und gegen den »Angreifer« zu kämpfen oder zu einem sicheren Ort zu flüchten. Ist beides nicht möglich versucht der Organismus sich zu überstehen, indem es so wenig Energie wie möglich abgibt und auf Überlebensmodus umschaltet.

»Fight-oder-Flight-Reaktion« ist ein instinktiver automatischer Reflex, der es ermöglicht, Gefahrensituationen zu bewältigen. Ist weder »Flucht« noch »Kampf« möglich oder dauert die Alarmreaktion lange an, dann verändert sich die Physiologie erneut. Der »freeze«- Modus wird als Überlebensfunktion aktiviert. Dabei reagiert das parasympathische System, der Herzschlag wird langsamer, der Blutdruck sinkt und die Muskulatur erschlafft. Eine sogenannte »Schreckstarre« setzt ein.

Körpereigene Opiate setzen die Schmerzempfindlichkeit herab, Cortisol wirkt handlungshemmend – »freeze«, auch »Schreckstarre« bezeichnet, ist eine Art Lähmungsreaktion und ermöglicht die dissoziative Entfremdung aus der traumatisierenden Situation. Neben sich stehen und so wenig wie möglich von der Bedrohung zu spüren ist ein »psychisches Notprogramm« (Chou et al. 2018, Carletto und Borsato 2017).

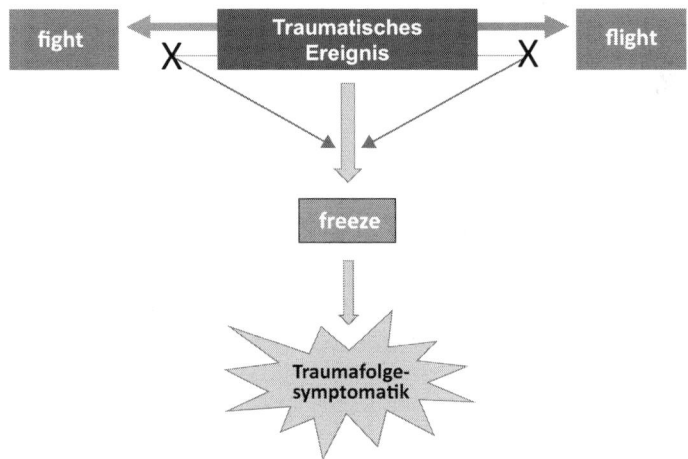

Abb. 2.1: »Fight-Flight-Freeze-Modus« und Traumafolgen

Verschiedene Mechanismen sind an der Entstehung und Aufrechterhaltung des Traumas beteiligt. Der Hippocampus ist für das Speichern von Ereignissen im deklarativen Gedächtnis wichtig. Das deklarative Gedächtnis, auch »kaltes Gedächtnis« genannt, speichert Informationen und die Zusammenhänge von Ereignissen wie z. B. Zeit, Ort und Ablauf des Erlebten. Eine Einordnung in autobiografische Zusammenhänge wird so möglich. Ist das Notfallprogramm über die Amygdala aktiviert, finden die Speicherprozesse nicht statt, da die Informationsweiterleitung zum Hippocampus unterbunden wurde.

Das *non-deklarative Gedächtnis* (»heißes Gedächtnis«) speichert körperliche Reaktionen, Verhaltensweisen, Gefühle, Sinneseindrücke (Samuelson 2011).

Während eines bedrohlichen Ereignisses prägen sich Sinneswahrnehmungen wie Geräusche, Gerüche, Bilder und Körpersensationen intensiv in das Gedächtnis ein. Da im »Notfallprogramm« die Weiterleitung des Erlebten nicht an den Hippocampus verläuft, werden die Erinnerungen als einzelne Fragmente oder »Erinnerungsfetzen« z. B. an Geräusche, Gerüche, Bilder in der peritraumatischen Phase gespeichert. Der Prozess ist mit intensiven Gefühlen und physiologischen Reaktionen verbunden.

Die Informationsweitergabe von Amygdala zum Hippocampus ist in traumatischen Hochstress-Situationen gestört. Die Amygdala wird übermäßig aktiviert. Stresshormone hemmen die Aktivität des Hippocampus – dieser wird zugunsten lebensrettender Mechanismen quasi umgangen (Levine 2015, Carletto und Borsato 2017).

Das hat zur Folge, dass das traumatische Ereignis nicht im deklarativen Gedächtnis gespeichert werden kann und somit auch die zeitliche und räumliche Einordnung nicht im autobiografischen Kontext erinnert werden kann. Das erlebte Trauma kann so nicht der Vergangenheit zugeordnet werden.

Das non-deklarative Gedächtnis hingegen ist nicht eingeschränkt. Gefühle, Sinneseindrücke und körperliche Reaktionen wie z. B. die erhöhte Herzfrequenz, Pulsrate werden fragmentiert gespeichert und können später durch Triggerreize immer wieder zu ungewollten, intrusiven Wiedererinnerungen aktiviert werden. Das bedrohliche Ereignis wird als gegenwärtig im »Hier-und-Jetzt« (»hot memory«) erlebt (Levine 2015, Boos 2014, van der Kolk 2005, Carletto, und Borsato 2017).

Ein Trauma könnte also als das Zusammenwirken eines als lebensbedrohlich bewerteten Ereignisses und der dazugehörenden überwältigenden Gefühle von Angst, Ausgeliefertsein und Bedrohung verstanden werden. Fischer und Riedesser (1999) beschreiben ein psychisches Trauma als ein Diskrepanzerlebnis zwischen bedrohlichem Ereignis und individuellen Bewältigungsmöglichkeiten.

Gefühle und das Erlebte werden quasi als nicht verkraftbar erlebt und in der traumatisierenden Phase in fragmentierten Erinnerungsbruchstücken im Gedächtnis abgelegt. Ein Trauma ist also nicht das Ereignis an sich und entsteht auch nicht zwingend durch die ausgelöste Notfallreaktion. Die Entstehung eines Traumas hängt vielmehr davon ab, inwiefern Verarbeitungsprozesse nach dem Ereignis einsetzen können. Die abgespeicherten Fragmente während der peritraumatischen Phase können nicht integriert werden, bleibt dieser Zustand über längere Zeit bestehen, kann sich das Trauma manifestieren. Fehlen für den Verarbeitungsprozess wichtige Ressourcen wie etwa ein sicherer Ort, Helfer, wichtige und verlässliche Bezugspersonen, Basics wie Nahrung und Versorgungsstrukturen, dann kann dies auch die Entstehung und Aufrechterhaltung eines Traumas begünstigen.

Für die Verarbeitung von traumatisierenden Erfahrungen spielen das Lebensalter, die Dauer und die Schwere der Bedrohung und vorhandene Ressourcen zur Verarbeitung eine wichtige Rolle. Treten die Notfallreaktionen immer wieder auf und sind sie in der Entwicklung bereits früh aktiviert worden, so hat dies letztlich auch Auswirkungen auf die Manifestation von körperlichen und psychischen Symptomen und Störungsbildern.

Ehlers und Clark (2000) erklären mit ihrem kognitiv-behavioralen Störungsmodell, warum intensive Angst und Bedrohungsempfindungen auch anhaltend nach dem erlebten Trauma erhalten bleiben. Nach diesem Störungsmodell ist für die Wahrnehmung einer gegenwärtigen Bedrohung das Zusammenwirken des Trauma-Gedächtnisses sowie die Bewertung oder Interpretation des Traumas und seiner Konsequenzen (dysfunktionale Verhaltensweisen, Vermeidungsverhalten) verantwortlich. Da die Traumaerinnerungen nicht im deklarativen Gedächtnis abgespeichert wurden, können sie auch nicht der Vergangenheit zugeordnet werden. Lösen nun Schlüsselreize intrusives Wiedererleben aus, so wird dies gegenwertig als reale Bedrohung wahrgenommen. Das Wiedererleben ist dabei meist intensiv und von starken Gefühlen wie z.B. Todesangst und intensiven Körperreaktionen, z.B. Herzrasen, begleitet. Das Trauma wird also in sensorischen Eindrücken (Bilder, Geräusche, Geruch, Geschmack) und körperlichen Reaktionen wiedererinnert. Die Intensität des Traumaerlebens wird durch die Bewertung bzw. Interpretation des Traumas beeinträchtigt und kann die Häufigkeit der Erinnerungen erhöhen.

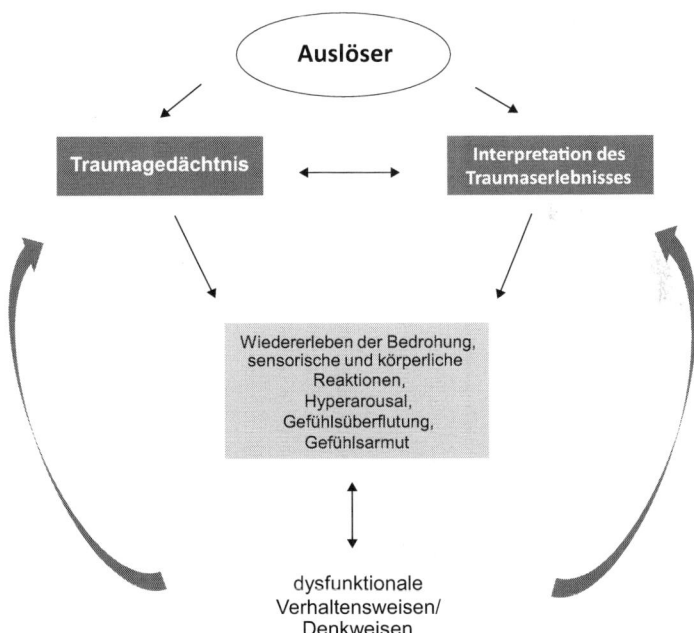

Abb. 2.2: Schematische Darstellung des Störungsmodells der PTBS (in Anlehnung an Ehlers und Clark 2000)

3 Die Posttraumatische Belastungsstörung

Die Posttraumatische Belastungsstörung (PTBS) ist seit den 1980er Jahren in die psychiatrischen Diagnosesystemen ICD (International Classification of Diseases) und DSM (Diagnostic and Statistical Manual of Mental Disorders) aufgenommen.

Sie ist nach ICD-10 eine verzögerte oder protrahierte Reaktion auf ein belastendes Ereignis oder eine Situation kürzerer oder längerer Dauer, mit außergewöhnlicher Bedrohung oder katastrophenartigem Ausmaß, die bei fast jedem eine tiefe Verzweiflung hervorrufen würde (Falkai und Wittchen 2015).

3.1 Symptomatik

Die Symptome sind insbesondere je nach Entwicklungsalter und emotionaler Reife des Kindes und Jugendlichen zu betrachten.

Beeinträchtigte Bereiche, Störungen des Erlebens und Verhaltens nach Traumatisierung:

- Bindung
- Soziale Beziehungsgestaltung
- Affektregulation
- Denken
- Wahrnehmung
- Dissoziation (Intrusionen, Flashbacks)
- Selbstkonzept
- Verhaltenssteuerung/-kontrolle
- Suizidalität
- Selbstverletzungen
- Biologische Aspekte
- somatoforme Beschwerden
- körperliche Erkrankungen (z. B. coronare Erkrankungen, Infekte, Beeinträchtigung des Immunsystems mit schweren Folgeerkrankungen)

Anhand der Klassifikation des DSM 5 (APA 2015) werden die zentralen Symptome einer Posttraumatischen Belastungsstörung aufgeführt. Dies bedeutet nicht, dass alle Kernsymptome bei einer PTBS ausgeprägt sein müssen, da jeder Mensch auch individuelle Symptombelastungen zeigt. Zur Diagnosevergabe soll allerdings nach ICD und DSM das Kriterium A erfüllt sein. Diagnosen erfassen nicht zwangsläufig eine ausreichende Aussage über die empfundene Belastung der Betroffenen, wichtiger erscheint die Anerkennung von Leid. Auch wenn Symptome nicht die Kriterien von Diagnosesystemen erfassen, sind sie nicht weniger schlimm (Handtke 2012).

Die Entwicklung von Symptomen und die Ausbildung einer PTBS erfordern unbedingt die Berücksichtigung entwicklungspsychologischer Aspekte und ist dementsprechend altersangemessen zu beurteilen. Weitere zentrale Bereiche sind die Wiedererinnerungen und das Wiedererleben, die Vermeidung und die Übererregung.

Einfach erklärt bedeutet »wiedererinnern«, dass sich Gedanken, Bilder und Situation aufdrängen, auch wenn man gar nicht daran denken möchte. Wenn die Erinnerungen »hoch kommen«, dann ist das so, als ob das Ereignis und das Erlebte gerade wieder passiert, und häufig von intensiven negativen Gefühlen begleitet. Es fehlt ein »zeitlicher Abstand«.

So wird auch der Aspekt der »Vermeidung« nachvollziehbar. Alles, was in Verbindung mit den belastenden Ereignissen stehen kann, wird aversiv erlebt und mit häufig starken negativen Gefühlen, quälenden Gedanken und unangenehmen Körperreaktionen (z. B. Schwitzen, Herzrasen) sowie einer eingeengten Wahrnehmung begleitet. »Vermeidung« kann sich dabei auf Orte, Kontakte, Gespräche, Bilder, Filme, Nahrungsmittel und weiteren vielfältigen Triggern beziehen.

Die Übererregung äußert sich in einer erhöhten Schreckhaftigkeit und wir durch Prozesse im Gehirn gesteuert.

3.1.1 Die Kriterien der PTBS in den Klassifikationssystemen

Um die Diagnose der PTBS zu vergeben, ist eine fundierte Diagnostik unabdingbar. In der psychologischen Diagnostik kann auf eine Vielzahl von sehr gut evaluierten Diagnoseverfahren zugegriffen werden. Zudem ist eine kultursensible Adaptation der Verfahren in der Diagnostik von besonderer Bedeutung und deshalb weiter voranzutreiben.

An dieser Stelle sei darauf hingewiesen, dass aber gerade bei jüngeren Kindern eine sensible Erfassung von entwicklungspsychologischen Aspekten, mit Berücksichtigung altersabhängiger psychopathologischer Symptome und komorbiden Störungen (Habetha et al. 2012, van der Kolk 2009), notwendig ist. Dies im Besonderen, da Einschränkungen der sprachlichen Beschreibung von Symptomen und Belastungen bei jüngeren Kindern (Steil et al. 2002; Schmid et al. 2010; Scheeringa et al. 2006; Rosner et al. 2013) die Einschätzung erschweren.

Lange emotionale und körperliche Vernachlässigung und Misshandlungen (Felitti et al.1998) Hensel 2007, 2017, Witt et al., 2017) können zu einer Traumatisierung führen.

3.1.2 Komorbide Störungsbilder und Posttraumatische Belastungsstörung

Im Kindesalter stehen häufig kormorbide Störungsbilder im Rahmen einer PTBS, internale (z. B. Depressionen, Ängste, Trennungsängste) und externale Störungen (z. B. Störungen des Sozialverhaltens mit oppositionellem Verhalten, impulsive Verhaltensstörungen, ADHS) auf und Beeinträchtigungen des Funktionsniveaus im Vordergrund. Eine evaluierte Diagnostik, die auch die Möglichkeit einer Traumafolgestörung oder eine PTBS differentialdiagnostisch berücksichtigt, ist zu empfehlen, um frühzeitige gezielte Interventionen in der Therapie anbieten zu können.

> Chantal, 10 Jahre alt, wurde bereits seit zwei Jahren in einem ambulanten Kontext aufgrund eines diagnostizierten ADHS behandelt. Im Vordergrund standen die Symptome motorische Unruhe, geringe Konzentrationsfähigkeit und impulsive Verhaltensweisen. Sie litt zudem unter starken Wutgefühlen und konnte in einer größeren Schulklasse nicht beschult werden, da sie häufig Konflikte körperlich ausagiert und andere Kinder geschlagen hat. In der Klinik wurde die Diagnostik mit strukturierten Interviews, fremdanamnestischen Erhebungen und Verhaltensbeobachtungen erweitert.
>
> In der Zusammenschau aller Informationen wurde eine PTBS diagnostiziert. Das Mädchen hatte durch den Stiefvater sexuelle Übergriffe erlebt. Die komorbide Störung des AHDS stand in der vorangegangenen ambulanten Behandlung im Vordergrund und überlagerte die PTBS. Die Interventionen waren somit auf die Behandlung des ADHS ausgerichtet. In der Klinik zeigte das Mädchen im Spielverhalten, besonders im Nachspielen von Situationen, Bezüge zu den traumatischen Ereignissen. Selbst im Spiel mit dem Puppenhaus wurden vorhandene Figuren und die »Einrichtung des Puppenhauses« zu Triggerreizen, die zu Dissoziationen in Form von erkennbar erstarrenden Zuständen führten. Das Mädchen konnte über die traumafokussierte-kognitive Verhaltenstherapie die Belastungen der Vergangenheit verarbeiten.
>
> Aufgrund von Anamnese und der Diagnostik zur allgemeinen Psychopathologie, traumspezifischen Screenings (CATS-Child and Adolescent Trauma Screen; CPTCI: Child Posttraumatic Cognitions Inventory, IBS-KJ: Interviews zu Belastungsstörungen bei Kindern und Jugendlichen) wurde eine PTBS diagnostiziert. Zunächst erfolgte mit START-Kids eine Stabilisierung mit anschließender Traumafokussierten kognitiven Verhaltenstherapie, die der Patientin deutlich helfen konnte und ihre Lebensqualität und Funktionsniveau stark verbesserte.

3.1.3 Kriterien nach DSM-5

Im »Diagnostic and Statistical Manual of Mental Disorders 5 (DSM-5)« (2013) ist die PTBS zusammen mit der akuten Belastungsstörung und den Anpassungsstörungen unter »Trauma- and Stressor-Related Disorders« erfasst. Das Kriterium (D) zu negativen Veränderungen in Kognitionen und Stimmung wird neu aufgenommen (Steil et al. 2015).

Diagnostische Kriterien der Posttraumatischen Belastungsstörung (PTBS) nach dem Diagnostischen und Statistischen Manual Psychischer Störungen DSM-5® (Falkei und Wittchen 2015) der American Psychiatric Association (APA)

A.   Konfrontation mit tatsächlichem oder drohendem Tod, ernsthafter Verletzung oder sexueller Gewalt

Auf eine oder mehrere Arten:

- Direktes Erleben eines/mehrerer traumatischer Ereignisse
- persönliches Erleben bei anderen Personen
- Erfahren von drohendem oder tatsächlichem Tod eines Familienmitglieds/einer nahestehenden Person durch Gewalt oder Unfall
- Erfahren wiederholter und extremer Konfrontation mit aversiven Reizen eines/mehrerer traumatischer Ereignisse

B.   Wiedererleben

- aufdrängende, belastende, unwillkürlich Erinnerungen (traumaspezifisch)
- bei Kindern >6 J. traumabezogenes Spielen
- Belastende Träume, Albträume
- Flashbacks
- Dissoziative Reaktionen
- intensive Belastung und psychischer Stress bei Konfrontation mit traumaspezifischen Hinweisreizen
- Physiolog. Veränderungen bei Konfrontation mit traumaspezifischen Hinweisreizen

C.   Vermeidung

- Vermeidung von traumagebundenen Gedanken, Gefühlen, Erinnerungen
- Vermeidung von traumagebundenen Aktivitäten, Orten Kontakt zu Menschen

D.   Negative Veränderung von Kognitionen und Stimmung

- dissoziative Amnesie
- übertriebene negative Überzeugungen (bzgl. eigener Person, anderer Personen, der Welt gegenüber
- verzerrte Kognitionen bzgl. Ursachen/Folgen des **Traumaereignisses**
- negativer emotionaler Zustand (Furcht, Entsetzen, Schuld, Scham, Wut)
- Aktivitätenrückgang
- Entfremdungsgefühle

E.　　Veränderung des Erregungsniveaus

- Reizbarkeit, Wutausbrüche
- Riskantes, selbstzerstörerisches Verhalten
- Hypervigilanz
- Übertriebene Schreckreaktionen
- Konzentrationsstörungen
- unruhiger Schlaf, Ein-/Durchschlafstörungen

F.　　Dauer der Symptomatik

- Länger als ein Monat bzgl. der Symptome von B, C, D, E

G.　　Leiden und Beeinträchtigung des Funktionsniveaus

- Beeinträchtigung von Alltagsfunktionen

H.　　Störungsbild ist nicht durch andere Ursachen zu erklären (Substanzen, medizinischer Krankheitsfaktor)

- Die diagnostischen Kriterien gelten für Kinder ab 6 Jahren, Jugendliche, Erwachsene

3.1.4 Dissoziationen

Der Begriff Dissoziation (lat. dissociare: »trennen, scheiden«) beschreibt die teilweise oder gänzliche Desintegration von normalerweise verbundenen und integrierten Bereichen und Funktionen des Gedächtnisses, des Bewusstseins, der Identität, der Kognition, des Affekts und der Motorik (nach DSM-IV). Bewegung und Sinnesempfindungen können in der Körperwahrnehmung betroffen sein (Priebe et al. 2013, Handtke 2012). Dissoziationen kennt jeder Mensch und im Grunde ist dies auch im »normalen« Alltagskontext eingebettet, wie z. B. beim Tagträumen. Dissoziationen haben viele Ursachen und sind nicht monokausal auf *ein* Trauma zurückzuführen. Dissoziationen können aus der Sicht der Betroffenen als eine »effektive Strategie« verstanden werden, um unangenehme, überflutende Wahrnehmungen zu vermeiden, und als »innerer Schutz« in hoch belastenden Situationen eingesetzt werden. Treten Dissoziationen dauerhaft auf, ist oft ein inkohärentes oder nicht stimmiges, unzusammenhängendes Selbstbild die Folge.

In der frühen Kindheit sind Dissoziationen ein normaler Mechanismus und eine Reaktion auf erlebten Stress, da bestimmte Hirnregionen wie die Hippocampusregion und der Neocortex noch nicht hinreichend entwickelt sind.

Das Spektrum der Dissoziation reicht von einer »normalen« und einfachen Dissoziation (Wegdriften, Zustand der Benommenheit, kurze Trancezustände, abrupte Stimmungswechsel) bis schweren Dissoziation wie Intrusionen, Flashbacks, dissoziativer Amnesie, dissoziative fugue, dissoziativer Identitätsstörung und polyfragmentierter dissoziativer Identitätsstörung, Derealisation und Depersonalisation.

In extremen Situationen oder beim Wiedererleben vergangener Belastungsereignisse kann die Dissoziation als Notfallreaktion fungieren. Dissoziationen sind somit als Schutz- und Abwehrmechanismus vor einer Überflutung von unerträglichen Erlebnissen zu verstehen. Schwere und chronische Dissoziationen haben Auswirkungen auf das Selbst- und Identitätsgefühl, dazu gehören die Störung der Gedächtnisfunktionen und auch der Selbst- und Umweltwahrnehmung. Dissoziationen erschweren das Lernen in der Schule und das Funktionsniveau im Alltagsleben, sie werden oft durch Trigger ausgelöst und treten dann plötzlich und unerwartet auf. Im Zustand der Dissoziation werden Informationen von »außen und von innen« nicht mehr sinnhaft miteinander verbunden. Ereignis und die dazugehörigen Gefühle, Gedanken, Körperwahrnehmung werden voneinander abgespalten. Chronische Dissoziationen beschreiben in der Regel erlernte Anpassungsstrategien an stark belastende und hoch stresshafte Entwicklungsbedingungen. Eine erhöhte Dissoziationsneigung im therapeutischen Setting geht oft mit geringerer therapeutischer Wirksamkeit einher (In-Albon 2013, Priebe et al. 2013). Wer dissoziiert ist, kann neue Informationen, so auch Therapieinhalte, schlecht integrieren, wodurch Therapiefortschritte gestört werden. Zu Beginn der (Trauma-)Therapie ist es daher bedeutsam, die Dissoziationsneigung zu erfassen. Psychoedukation zu Dissoziationen sollte immer fester Bestandteil der Therapie sein. Skills und Fertigkeiten können einerseits präventiv das Auftreten von Dissoziationen beeinflussen und andererseits dissoziativer Zustände beenden. Bereits zu Beginn der Therapie empfiehlt es sich, die Dissoziationsneigung (HDI – Heidelberger Dissoziations-Inventar, Anamnese) zu bestimmen, eine Triggerliste zu erstellen und nach Psychoedukation zum Thema und antidissoziativen Skills zu trainieren. Dies ist besonders wichtig, da Dissoziationen den Therapiefortschritt negativ beeinflussen können.

Eine besondere Bedeutung kommt dem Konzept der »Achtsamkeit« zu, mit der Orientierung auf das «Hier und Jetzt«, also auf den Moment und die Gegenwart (Linehan 1996, 2015) und kann einen Weg aus Dissoziationen unterstützen. In der Stabilisierungsintervention »START« (▶ Kap. 13) werden intensiv Achtsamkeitsübungen und antidissoziative Skills vermittelt und geübt, die im Alltag gut etabliert werden können.

Zudem wirken Skills, die mit Bewegung und intensiven Sinnesreizen (laute Geräusche, intensive Gerüche wie z. B. Ammoniak, Bewegung, Coolpacks etc.), verbunden sind, antidissoziativ.

Kleine Legende zentraler Begriffe

- Trigger
  »Auslöser«, Stressor
  Gegenwärtige Reize, die die Betroffenen an vergangene, bedrohliche Situationen erinnern und zum Wiedererleben der damit verbundenen Gedanken und Gefühle, sowie Wahrnehmungsprozesse führen
  Je nach Erregungszustand ist die Person nicht in der Lage, in diesen Phasen neue Informationen aufzunehmen

- **Hyperarousal**
  Symptome der Übererregung: z. B. Schlafstörungen, Schreckhaftigkeit (startle response)
- **Numbing (emotionale Taubheit)**
  Gefühle erscheinen eingeengt und eingeschränkt, was nicht nur Auswirkungen auf die affektive Schwingungsfähigkeit haben kann, sondern sich auch in zwischenmenschlichen Bereichen niederschlägt
- **Flashback** (englisch, *blitz(artig) zurück*)
  Ein Flashback wird häufig durch Trigger, also durch einen Schlüsselreiz, hervorgerufen und beschreibt das Wiedererleben oder die Nachhallerinnerung der vergangenen traumatischen Situation oder des psychischen Erlebens von früheren Gefühlszuständen. Das Wiedererleben ist so geprägt, »als ob« das traumatisierende Ereignis sich gerade (wieder-) ereignet und wird von entsprechenden Illusionen begleitet
- **Dissoziative Amnesie**
  Teilweise oder gänzlich fehlende Erinnerungen, häufig in Bezug auf belastende Ereignisse
- **Dissoziative Fugue**
  Teilweise oder völliger Verlust der Erinnerung an die Vergangenheit, des Identitätsbewusstseins, der Wahrnehmung unmittelbarer Empfindungen, Verlust der Kontrolle von Körperbewegungen[3]
- **Dissoziativer Stupor**
  Verringerung oder Fehlen von willkürlichen Bewegungen oder Reaktionen auf äußere Reize wie Licht, Geräusche oder Berührung ohne körperliche Ursache[4]
- **Trancezustände**
  Zeitweiliger Verlust der persönlichen Identität und der gänzlichen Wahrnehmung der Umgebung
- **Bewegungsstörungen**
  Vollständiger oder teilweiser Verlust der Bewegungsfähigkeit.
- **Dissoziative Krampfanfälle**
  Können epileptischen Anfällen sehr stark ähneln. Zungenbiss, Verletzungen beim Sturz oder Urininkontinenz sind jedoch selten[5]
- **Derealisation**
  Die Umgebung wird als unwirklich erlebt und verzerrt wahrgenommen, das Erleben gleicht in etwa einem traumartigen Zustand
- **Depersonalisation**
  Depersonalisation beschreibt eine Veränderung des Persönlichkeitsgefühls, wobei Gefühle, Denken, Verhalten, Sinneseindrücke, Körperempfindungen und die Wahrnehmung betroffen sein können und losgelöst vom Selbst erlebt werden. Es entsteht nicht selten der Eindruck, sich selbst wie »von außen« zu be-

---

3 Siehe auch: http://www.icd-code.de/icd/code/F44.1.html (Letzter Abruf: 1.9.2018)
4 Vgl.: http://www.icd-code.de/icd/code/F44.2.html (Letzter Abruf: 1.9.2018).
5 Siehe: http://www.icd-code.de/icd/code/F44.5.html (Letzter Abruf: 1.9.2018)

trachten, wie von einer »Satellitenposition«, Erleben wie im Traum oder »Als-ob-Erleben«, Erleben von Unwirklichkeit des Selbst, des Körpers
- **Dissoziative Sensibilitäts- und Empfindungsstörungen**
  Dabei können die Empfindungen der Haut, des Seh-, Riech- und Hörvermögens betroffen sein und Irritationen und leichte bis starke Einschränkungen der jeweiligen Sensibilität hervorrufen.

4 Komplexe Posttraumatische Belastungsstörung (KTBS)

Die Aufnahme des Störungsbilds der komplexen PTBS mit einer besonderen Schwere der Symptomatik, die durch eine PTBS nicht ausreichend erfasst wird, wird im International Classification of Diseases 11 (ICD-11) geplant (Maercker et al. 2013, Steil et al. 2013).

Schwerste, langanhaltende, sich wiederholende Traumatisierungen in Folge von Krieg, Folter, sexuellem und körperlichem Missbrauch, emotionaler Vernachlässigung können zu nachhaltigen und komplexen Veränderungen im Erleben und Verhalten von Personen führen. Ein ausgeprägtes Symptombild ist charakteristisch für die komplexe, Posttraumatische Belastungsstörung. Andauernde Traumatisierungen sind auch bei Borderlinestörungen in der Adoleszenz zu beobachten und gehen mit Symptomen wie selbstverletzendem Verhalten, Suizidgedanken, Dissoziationen, Emotionsdysregulation einher.

Die Kernbereiche der KPTBS liegen in Veränderungen der Emotionsregulation und Impulskontrolle, der Aufmerksamkeit, der Selbstwahrnehmung und Veränderungen in Beziehungen. Auch ein ausgeprägtes somatoformes Beschwerdebild kann vorliegen. Ein Zusammenhang von Persönlichkeitsungsstörungen und KPTBS besteht (Bohus et al. 2013). Die komplexe Posttraumatische Belastungsstörung ist zusammenfassend durch ein heterogenes Krankheitsbild mit gravierenden Symptomen der psychischen, körperlichen und sozialen Beeinträchtigung charakterisiert. In den Diagnosesystemen ICD-10 ist sie nicht aufgeführt, aber im ICD-11 als Diagnosevorschlag eingebracht und als eigenständige Diagnose aufgeführt und charakterisiert als wiederholende oder lang andauernde traumatische Ereignisse (*www.researchgate.de*, 2017).

Mohamad (15 Jahre, aus Syrien) wurde in der Klinik für Kinder- und Jugendpsychiatrie aufgenommen, nachdem aus dem Fenster (3. Etage) der Wohngruppe zu springen drohte. Er schilderte, häufig tiefe Verzweiflung zu spüren. Er halte manchmal den Stress nicht aus, dann schlage er mit der Faust gegen die Wand, um den Stress nicht mehr spüren. Den Auslöser für seinen geplanten Suizidversuch konnte er nicht genau benennen, jedoch sei ein Streit beim Frühstück über eine Bagatelle (Brotaufstrich) vorausgegangen. Dies hätte ihn stark unter Stress gesetzt und er hätte sich plötzlich verlassen und allein gefühlt und viele Erinnerungen seien in ihm aufgestiegen. In seiner daraus resultierenden Verzweiflung habe er nicht mehr weiterleben wollen, weil ihm alles zu viel geworden sei. Er schilderte in der Klinik, er komme im Leben nicht mehr zurecht, habe starkes Heimweh nach seiner Mutter und seiner kleinen Schwester, zudem habe er Angst, in Deutschland vergessen zu werden. Er habe sein Land und seine

Eltern und Geschwister verlassen, seine Familie habe ihn durch die Flucht schützen wollen.

Er schilderte, er könne manchmal vor Verzweiflung sein Leben nicht aushalten und fühle sich unendlich hilflos: »Auf meiner langen Flucht musste ich oft draußen schlafen, es war sehr kalt und ich habe gefroren, mein Körper schmerzte. Wir wurden auch überfallen, viele Männer haben uns ausgeraubt und geschlagen. Wenn ich darüber rede, kann ich fast noch die Schmerzen spüren. Seitdem fällt es mir noch schwerer zu schlafen, ich schlafe spät ein und wache oft auf. Ich bin manchmal total müde und erschöpft, dann kann ich mich nicht konzentrieren. Ich habe aber Angst zu schlafen, die Augen zuzumachen. Dann sehe ich immer wieder, wie mein Bruder getötet wird. Ich höre meine verzweifelte Mutter. Manchmal ist dies auch plötzlich da, ich sehe immer wieder die gleichen Bilder, mein Bruder wird angeschossen und sinkt zu Boden, überall Blut und viele Menschen. Meine Mutter hört nicht auf zu weinen. Dann fehlt mir die Erinnerung, irgendwie ist alles weg. Ich habe nicht helfen können. Ich kann nicht schlafen und ich kann nicht an meinen Bruder denken, aber trotzdem kommen immer wieder die schrecklichen Bilder. Ich halte das nicht aus, hier in Deutschland habe ich Angst vergessen zu werden, ich bekomme keinen Schulunterricht, ich habe kaum Geld und kann nicht so leben wie ich will. In meiner Unterkunft bin ich von einem Mitbewohner bedroht worden, was soll ich nur machen.«

In dem Beispiel werden mehrere massive Traumatisierungen mit tiefgreifender Angst und psychischen und körperlichen Folgesymptomen beschrieben wie somatoforme Beschwerden, Schlafstörungen, Intrusionen, Gefühlsüberflutungen, Erinnerungslücken, Konzentrationsschwierigkeiten und die potentielle Suizidgefährdung. Es wird so recht schnell nachvollziehbar, welche Einschränkungen den Alltag von Menschen mit Traumafolgebeschwerden prägen können.

5 Traumafolgen und Vermeidung

Das Vermeidungsverhalten ist ein zentraler Problembereich von Traumafolgestörungen. Belastende Gefühle werden als aversiv erlebt, Vermeidung dient dazu, sich nicht mit belastenden Erinnerungen auseinanderzusetzen. Dies wirkt sich auf das alltägliche Leben aus. Situationen, Aktivitäten, Gedanken, Personen, Orte usw., die mit den belastenden oder traumatisierenden Erlebnissen assoziiert werden, werden vermieden. Meist ist dies von kurzfristigem Erfolg. Erinnerungen und Gedanken an belastende Situationen drängen sich willkürlich auf. Betroffene wenden häufig maladaptive Strategien an wie z. B. Selbstverletzungen, Cannabiskonsum oder Alkoholkonsum, um sich selbst zu beruhigen, die Anspannung zu reduzieren und sich abzulenken. Langfristig wird durch Vermeidungsverhalten die Belastungssymptomatik aufrechterhalten (Maercker 2013). Ehlers und Clark (2000) sehen zudem in der Vermeidung das Aufrechterhalten von ungünstigen Grundüberzeugungen und damit der Traumafolgesymptomatik.

Es gibt eine Metapher, welche die Vermeidung gut beschreiben kann. Das Kind oder die Jugendliche wird gebeten, sich einen Wasserball vorzustellen. Die Vorstellung wird weiter angeleitet mit der Bitte, in der Imagination den Ball unter Wasser zu drücken und ihn dort solange wie möglich zu halten. Daran schließt sich die Frage an, was passiert, wenn die Hände den Ball loslassen, weil es vielleicht zu anstrengend wird, den Ball ständig unter Wasser zu halten. Dies koste ja viel Kraft und Konzentration. Auch andere Tätigkeiten wie Schwimmen oder Spielen sind so lange, wie der Ball unter Wasser gehalten werden muss, nicht möglich. Die ganze Aufmerksamkeit und Kraft ist darauf gerichtet, den Ball unter Wasser zu drücken. Werden die Hände aus irgendeinem Grund vom Ball weggezogen, ploppt der Ball direkt an die Wasseroberfläche.

Die Analogie zum Thema »Vermeiden« ist schnell hergestellt. Vermeiden gelingt nur eine bestimmte Zeit und prägt Verhalten, Gefühle und bindet Wahrnehmung und Gedanken. Ist dies plötzlich aus irgendeinem nachvollziehbaren oder auch gar nicht kontrollierbaren Grund nicht mehr möglich, dann können alle Gedanken, Gefühle und Erinnerungen ihren Weg ins Erleben finden. Der Kreislauf der Vermeidung ist gut nachvollziehbar. Mit Hilfe der Metapher lässt sich gut an der Vermeidung von Erinnerungen arbeiten und das Pro und Contra dafür erarbeiten.

6 Traumafolgen und Emotionsregulation

Eine Emotion ist ein komplexes Muster von psychischen und physischen Zuständen, wobei Wahrnehmung und Bewertung von Situationen Einfluss auf unsere physiologische Erregung, unsere Kognitionen und unser Verhalten haben (Gerrig und Zimbardo 2008, Petermann et al. 2016). Jede Emotion hat ein anderes Muster, so unterscheiden sich die Muster von Freude, Trauer, Wut, Ekel, Scham und Schuld. Eine allgemeingültige Definition von Emotionen gibt es nicht (In-Albon 2013).

Emotionsregulation kann generell als ein mentaler Prozess verstanden werden. Die Fähigkeit, Emotionen adaptiv regulieren zu können, ist für die mentale und psychische Stabilität wichtig. Maladaptive und dysfunktionale Strategien, etwa impulsives Verhalten, Selbstverletzungen oder »high-risk«-Verhaltensweisen, werden oft eingesetzt, um unangenehme Gefühle und die innere mentale und physische Anspannung zu vermindern. Die gewünschte Wirkung der maladaptiv eingesetzten Verhaltensstrategien ist oft nur kurzfristig.

Emotionen entstehen durch die Bewertung von Situationen und Ereignissen, dabei können auch frühere Emotionen durch bestimmte Reize evoziert werden. Auch Gefühle, die in den belastenden oder traumatischen Situationen erlebt worden sind, können durch Triggerreize immer wieder im gegenwärtigen Erleben so aktiviert werden, als würden sie sich gerade erst ereignen (z. B. bei Intrusionen und Flashbacks).

Emotionsregulation und das Erleben von traumatischen Ereignissen spielen eine zentrale Rolle in der Entwicklung von psychischen Erkrankungen und der Entstehung und Aufrechterhaltung von Traumafolgesymptomen (Goldbeck et al. 2009, Steil, Rosner 2013; In-Albon 2017).

> Thomas (12 Jahre) hat einen Autounfall miterlebt und in der Situation starke Angst entwickelt, körperlich blieben die beteiligten Personen unversehrt. Das Vorbeifahren am Unfallort oder auch schon alleine die Vorstellung, diese Strecke zu nehmen, ruft starke Ängste begleitet von physiologischen Reaktionen wie Schwitzen und erhöhten Puls bei Thomas hervor. Autofahren wird immer aversiver erlebt und von Thomas möglichst vermieden. Letztlich führte die Vermeidung und Angst zu sozialen Einschränkungen. Thomas vermied die Fahrten zum Fußballtraining. Bei Monotraumata, also einmaligen traumatischen Ereignissen, ist Angst häufig das zentrale Gefühl.

Das Angstgefühl wird durch einen neurobiologischen Prozess begleitet, adrenerge Neurotransmitter werden ausgeschüttet und das autonome Nervensystem wird aktiviert. Dies kann wiederum dazu beitragen, dass das Angsterleben verstärkt wird.

Wird also nun wie im Fall von Thomas durch den Trigger »Vorbeifahren am Unfallort« die Situation erinnert, können wie in der vergangenen Traumasituation Angst und physiologische Körperreaktionen in der Reaktivierung des Unfallerlebnisses wie ein gegenwärtiges Ereignis wiedererlebt werden. Gefühl und physiologische Reaktion halten das Traumaerleben so in der Gegenwart aufrecht. Die stetige physiologische Alarmbereitschaft findet häufig Ausdruck in Hypervigilanz, also der übermäßigen Wachsamkeit, einem ständigen »auf der Hut sein« des Körpers. Die Betroffenen erleben diesen Zustand als sehr belastend und anstrengend. Es kann zu einer verstärkenden Traumabelastung kommen, welche ihren Ausdruck in einer chronifizierten Entwicklung von psychischen Symptomen und weiteren komorbiden Störungsbildern zeigen kann.

Bei anhaltenden oder sich wiederholenden Traumaereignissen, und besonders, wenn diese durch Menschen (»man-made-disaster«) zugefügt werden, werden meist Gefühle wie Angst, Ekel, Scham, Schuld, Trauer und Wut evoziert.

Viele Betroffene vermeiden problematische und auch tramaassoziierte Emotionen durch den Einsatz von Escape-Strategien, Dissoziationen und »dysfunktionalen Verhaltensweisen«, um die dadurch hervorgerufene Anspannung zu reduzieren. Ein an sich neutraler Reiz wie etwa ein Geräusch, das an das Geschehen erinnert, aber aktuell damit gar nicht in Verbindung steht, kann als Triggerreiz fungieren und das Traumaerleben wieder aktivieren. Einer Chronifizierung, besonders bei komplexen traumatischen Belastungen, kann so der Weg geebnet werden (Schmid et al. 2010).

6.1 Emotionsregulation und Strategien

Unter dem Gesichtspunkt der Funktionalität können Emotionsregulationsstrategien in adaptive und maladaptive Strategien unterschieden werden. Aversiv erlebte Emotionen bei psychisch schwer belasteten Personen, führen zudem oftmals zu maladaptiven Regulationsversuchen der inneren Anspannung und emotionalen Belastung. Maladaptive Strategien können selbstverletzendes Verhalten, sozialer Rückzug, Alkohol- und Substanzkonsum, Suizidhandlungen sein und zu Beeinträchtigungen im zwischenmenschlichen Bereich und dem Funktionsniveau einer Person führen.

Maladaptive Emotionsregulationsstrategien werden als Risikofaktoren in Zusammenhang mit der Entwicklung psychischer Störungen gebracht.

Adaptive Strategien dienen der Bewältigung oder auch der Regulierung von emotionaler Anspannung. Skills, etwa Sport treiben, Aktivitätenaufbau, »Emotionssurfing« (Metapher für das Verständnis, dass sich Emotionen in Qualität und Quantität wie eine Welle aufbauen und abschwächen), können als adaptive Fertigkeiten eingesetzt werden. Die Analogie zu der Metapher »Emotionssurfing« soll veranschaulichen, dass sich eine Emotion stetig verändert, je nach Bewertung der Situation. Dies ist besonders entlastend, wenn Jugendliche unter Emotionsüberflutung und Emotionsarmut leiden. Die Metapher beschreibt einerseits eine Achtsamkeitsübung (Hanh, 2009) für das achtsame Wahrnehmen und andererseits eine Konfrontation mit den sonst vermiedenen Gefühlen. Die Metapher kann therapeutisch genutzt werden und vermittelt im expositionsbasierten Teil u. a. Zuversicht, dass sich auch starke, leidvolle Gefühle wieder abschwächen lassen und wir zur Selbstregulation beitragen können.

7 Traumabelastungen bei Kindern und Jugendlichen mit Fluchthintergrund

Auch komplexe Traumabelastungen von Kindern und Jugendlichen nach unbegleiteter Flucht aus Kriegs- und Krisengebieten erfordern fundierte psychotherapeutische Hilfen und Stabilisierungskonzepte zur Minderung des (post-)traumatischen Stresserlebens und zur Arousal-Modulation (Möhler et al. 2016, Dixius und Möhler 2016, Witt et al. 2015, Knaevelsrud et al. 2017).

Viele Jugendliche waren einer sequentiellen Traumatisierung ausgesetzt. Stressoren wie Lebensgefahr sowie Ressourcenverluste, mangelnde soziale Unterstützung und weitere belastende Lebensereignisse und prätraumatische psychische Morbidität begünstigen die Entwicklung einer PTBS.

»Misstrauen« und der Verlust von Kontrolle auf der Grundlage von erlebten »man-made-disaster« führen oft zu dysfunktionalen Verhaltensweisen und akuten Krisen.

Die Prävalenzen der PTBS werden je nach Studie zwischen 30–60 % für männliche bis zu 70 % für weibliche unbegleitete Flüchtlinge angegeben. Die Prävalenz für komorbide Erkrankungen an einer Depression und Angststörung werden zwischen 20–40 % angegeben.

Flucht, Folter, Vertreibung, Vergewaltigung, lebensbedrohliche Situationen und massive Entbehrungen vielfältiger Art über einen meist langen Zeitraum führen häufig zu schweren psychischen Beeinträchtigungen und massiven Einschränkungen des allgemeinen Funktionsniveaus (Moehler et al. 2015).

Angesichts der häufigen sequentiellen Traumatisierung (▶ Abb. 7.1) ist von komplexen Posttraumatischen Belastungsstörungen bei vielen Kindern und Jugendlichen auszugehen.

7.1 Sequentielle Traumatisierung und Flucht

Sequentielle Traumatisierung ist eine Aufeinanderfolge von traumatisierenden prä-, peri- und posttraumatischen Ereignissen. Die Traumabelastung unterliegt dabei verschärfenden und aufrechterhaltenden Bedingungen

Menschen, die geflüchtet sind, können vor, während und nach der Flucht traumatisierenden Ereignissen ausgeliefert gewesen sein wie etwa Krieg, Folter oder physischer und sexueller Gewalt. Hinzu kommen oft Hunger, Durst, Vertreibung und der Verlust von Angehörigen (Heeren et al. 2012). Unbegleitete minderjährige

Flüchtlinge sind besonders betroffen. Sie haben auf der Flucht nicht den Schutz ihrer Eltern und sind einem deutlich größeren Risiko ausgesetzt (Verfliet et al. 2014, Plener et al. 2017).

Multiple sequentielle Traumata gehen mit einer andauernden hohen Belastung einher und haben Einfluss auf das individuelle Funktionsniveau und auf die Integration in soziale Netzwerke. Die Stressbelastung, Angst, Unsicherheit, fehlende Ressourcen im Ankunftsland, Perspektivlosigkeit, fehlender Wohnraum, fehlende Kontrolle über die aktuellen Geschehnisse, Ängste um Familienangehörige, Überforderungsgefühle, emotionale Verzweiflung tragen zum Stresserleben bei und erhöhen die Vulnerabilität für die Entwicklung von psychischen Störungen.

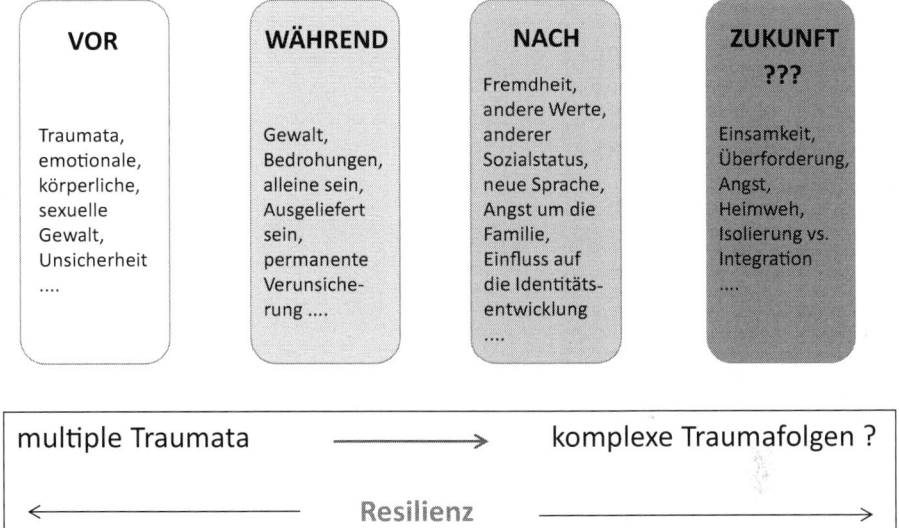

Abb. 7.1: Sequentielle Traumatisierung und Flucht

Fallbeispiel Amira

Die 13-jährige Amira wurde in ihrem Herkunftsland aufgefordert, gegen andere Menschen Gewalt anzuwenden. Auf ihrer späteren Flucht wurde sie mehrfach sexuell misshandelt. Sie schloss sich auf der weiteren Flucht einem Mann an, sie gab an, er sei ihr Vater. Nach der Clearingphase lebte sie mit dem vermeintlichen Vater in einer Wohnung zusammen. Schließlich zog sie in eine Wohngruppe, wo es ihr schwerfiel, sich an Regeln zu halten, was zu Konflikten mit Betreuern und Mitbewohnern führte. Während eines Schulbesuchs kam es zu einer schweren körperlichen Auseinandersetzung. Amira bedrohte plötzlich ohne ersichtlichen

Anlass einen Mitschüler. Amira berichtete, einen Flashback in der Schule erlebt zu haben, bei dem ihr immer wieder Bilder von einer alten, blutüberströmten Frau und von männlichen Angreifern erschienen. Sie könne nicht schlafen, weil sie große Angst habe, allein zu sein. Sozial war sie zunehmend isoliert. Sie wurde aufgrund ihrer Verhaltensauffälligkeiten und dissoziativen Anfälle zeitweise vom Schulunterricht ausgeschlossen. Ihre alte Wohngruppe musste sie verlassen und in eine Gastfamilie ziehen. Der Aufenthalt dort scheiterte bereits nach dem ersten Wochenende. Die Pflegeeltern waren mit ihr zum Camping gefahren, die Übernachtungen im Zelt riefen bei Amira Fluchterinnerungen hervor und lösten Panikzustände aus. Amira zog kurzfristig wieder zum »Vater«, danach wieder in eine neue Wohngruppe. Sie verfiel in depressive Zustände und zeigte selbstverletzendes Verhalten, phasenweise begleitet von akuten drängenden Suizidgedanken. Sozialer Rückzug, Hoffnungslosigkeit und depressive Grundgefühle waren dominant vorherrschend. Um ihre Mutter im Heimatland war sie sehr besorgt, nach Wochen erfuhr sie, dass ihre Mutter mit einer Schussverletzung in ein Krankenhaus kam. Daraufhin verstärkte sich ihre Krankheitssymptomatik.

Amira erlebte tiefe emotionale Verzweiflungszustände im Ankunftsland. Ihre unsichere Situation Lebenssituation, der Ausschluss aus sozialen Systemen und fehlende Bezugspersonen trugen neben den bereits erlebten Traumata zur Aufrechterhaltung der Belastung bei.

8 Identität und Adoleszenz

Die Adoleszenz ist eine bedeutsame Entwicklungsphase mit vielen Umbrüchen und auch ganz normalen Identitätskrisen. Die Identitätsentwicklung ist geprägt von der Auseinandersetzung mit emotionalen, kognitiven, körperlichen und sozialen Verselbständigungsprozessen. Normalerweise gehen bei einer stabilen Entwicklung einfache Identitätskrisen wie etwa die temporäre Unzufriedenheit über das Aussehen, Probleme in Freundschaftsbeziehungen usw. wieder vorbei. Allerdings steht die Identitätsentwicklung auch in Abhängigkeit verschiedener Faktoren wie z. B. dem Erziehungsstil der Eltern, der sozialen Integration, dem Selbstwert und letztlich früheren oder gegenwärtigen belastenden Lebensereignissen oder Traumatisierungen. Kognitive und emotionale Belastungen können in starkem Kontrast zu den Entwicklungsaufgaben in der Adoleszenz liegen. Es ist nicht schwer vorstellbar, welche potentiellen Auswirkungen die Erfahrungen von Kriegs- und Fluchterlebnissen, der Verlust von wichtigen Bezugspersonen, Eltern, Freunden und sozialen Bezügen besonders für minderjährige unbegleitete Flüchtlinge nach sich ziehen. Frühe Selbständigkeit, Integration und Fremdheit in einem neuen Land nehmen Einfluss auf die Identitätsentwicklung und überfordern viele Jugendliche. Eine zu schnelle Verselbständigung lässt wenig Raum für die pubertären Bedürfnisse der Adoleszenten, die Jugendlichen müssen früh sehr viel Verantwortung für sich übernehmen und häufig auch für die zurückgebliebenen Familien im Herkunftsland. Die Ich-Entwicklung kann dadurch sehr beeinträchtig werden.

Folgenden Herausforderungen sehen sich die Jugendlichen gegenüber:

- Verhaltensweisen, die den eigenen Normen widersprechen
- Fremdheit in anderer Kultur/ Ankunftsland
- Besondere Belastungen in der Phase der Adoleszenz (Identitätskrisen, Identitätsdiffusion)

Nach Foelsch und Kollegen (2014) ist Identitätsdiffusion durch folgende Merkmale gekennzeichnet:

- Fehlende Integration des Konzepts von sich Selbst und Anderen
- Hohes Risiko, im interpersonellen Bereich Probleme zu entwickeln (Familie, Schule, Peers …)
- Mangelnde Fähigkeit der Selbst-Definition
- Defizite in der Autonomieentwicklung
- Mangelnde Fähigkeit, Alleinsein zu ertragen

- Perspektivlosigkeit, keine Vorstellungen von der Zukunft
- Verunsicherung in der Integration und Umsetzung von Werten
- und dysfunktionales Verhalten

Identitätsdiffusion ist ein Prädiktor für die Entwicklung einer Persönlichkeitspathologie mit einem breiten Spektrum an maladaptiven Symptomen.

Traumafolgen beeinflussen das Selbstkonzept, die sozialen Fertigkeiten und Beziehungsaspekte, das Körperschema, alle zusammen bilden die zentrale Basis der Identitätsentwicklung. Werden diese Bereiche nachhaltig beeinträchtigt, wird ein schwieriger Kreislauf in Gang gesetzt, nicht selten einhergehend mit sozialer Desintegration.

Die Betroffenen werden aufgrund ihrer Belastungen häufig als »nicht tragbar« oder gar als »systemsprengend« bezeichnet. Sie haben Schwierigkeiten sich in einer Wohngruppe, in einer Gastfamilie oder auch in der Schule zu integrieren. Es entstehen Grundüberzeugungen (»keiner mag mich«) und dysfunktionale Verhaltensweisen zur Regulation von chronischem Stress und belastenden Emotionen (z. B. Angst, Trauer, Einsamkeit). An dieser Stelle sind die Gesellschaft und die Politik gefordert, geeignete Hilfemöglichkeiten zu entwickeln. Z. B. können geeignet Screeningverfahren wie das Online-Tool »PORTA« die Belastungen frühzeitig einschätzen und Kindern und Jugendlichen, bevor sie aus den Systemen fallen, den Zugang zu Hilfen wie dem START Programm ermöglichen.

9 Resilienz und Krisenbewältigung

Resilienz bezieht sich nicht nur auf die Abwesenheit von psychischen Störungen, sondern auch auf den Erwerb und Erhalt altersangemessener Fähigkeiten und Kompetenzen der normalen kindlichen Entwicklung, und dies auch in risikoreichen Lebensumständen (Rutter 2000). Resilienz bedeutet, seelische und psychische Widerstandsfähigkeit, um erfolgreich schwierige Lebenssituationen zu bewältigen (Wustmann 2004). Resilienz ist die Fähigkeit, durch persönliche und sozial vermittelte Ressourcen Krisen zu bewältigen (Welter-Enderlin und Hildebrand 2004). Im Vergleich zu früheren Ansätzen wird heute davon ausgegangen, dass Resilienz kein angeborenes Persönlichkeitsmerkmal, sondern vielmehr eine Kapazität ist, die im Verlauf der Entwicklung im Kontext der Kind-Umwelt-Interaktion erworben wird (Rutter 2000) und sich stetig weiterentwickeln kann. Das Resilienzparadigma beinhaltet in besonderem Maße, das Kind als aktiven »Bewältiger« und »Mitgestalter seines eigenen Lebens« z. B. durch den effektiven Gebrauch seiner internen und externen Ressourcen zu begreifen. Resilienz ist ein dynamischer Anpassung- und Entwicklungsprozess sie ist multidimensional und unterliegt den Einflüssen von biopsychosozialen Faktoren. Zu betonen ist aber, dass Kinder sich natürlich nicht selbst dauerhaft »resilient machen« können, sondern hierzu maßgeblicher Hilfe und Unterstützung bedürfen.

Empirische Forschungen (Rutter, Sroufe 2000) haben herausgefunden, dass sich resiliente Kinder und Jugendliche durch folgende Merkmale auszeichnen:

- Problemlösefähigkeiten
- eine hohe Sozialkompetenz (Kontaktfähigkeit, soziale Perspektiven-Übernahme und Empathie)
- die Fähigkeit zur Selbstregulation
- ein aktives und flexibles Bewältigungsverhalten (z. B. die Fähigkeit, sich aktiv Hilfe zu holen oder sich von einer dysfunktionalen Familiensituation innerlich zu distanzieren)
- eine optimistische, zuversichtliche Lebenseinstellung
- eine internale Kontrollüberzeugung und ein realistischer Attributierungsstil
- ein hohes Selbstwertgefühl sowie Selbstvertrauen in die eigenen Fähigkeiten und Selbstwirksamkeitsüberzeugungen

Resilienz ist grundsätzlich an zwei Bedingungen gekoppelt, dem Bestehen einer Risikosituation und deren erfolgreicher Bewältigung. Dabei sind internale und externale Kriterien genauso bedeutsam wie auch kulturelle Dimensionen. Resilienz basiert auf einer stärkenwahrnehmenden, optimistischen Grundhaltung, Probleme und Krisen können in diesem Sinne als Herausforderung zur Krisenbewältigung und letztlich auch als Chance neuer Entwicklungsschritte verstanden werden (Göppel 2011). In kultursensiblen Kontexten könnte das Anderssein somit als Stärke und Kulturintegration als eine Aufgabe verstanden werden (Gharabaghi 2013). Wichtiger Schutzfaktor ist die zwischenmenschliche Beziehung. Unterstützende und kompensierende Beziehungen sind von enormer Bedeutung für eine resiliente Entwicklung (Luthar 2006, Pianta et al. 2008, Bengel et al. 2009), sie werden als äußerst bedeutsam für neue Wege und Perspektiven in der Entwicklung gesehen (Wustman 2011). Resilienz fördert die seelische Gesundheit und manifestiert sich unter Belastung (Rönnau-Böse und Fröhlich-Gildhoff 2012).

Teil II – Unbegleitete minderjährige Flüchtlinge

10 Unbegleitete minderjährige Flüchtlinge – aber vor allem: Kinder und Jugendliche!

10.1 Einleitung und Überblick

Die Zahl von unbegleiteten und begleiteten minderjährigen Flüchtlingen, begleiteten Kindern und Jugendlichen und Migranten, deren seelische, körperliche und kognitive Entwicklung durch Gewalterlebnisse, Entwurzelung, sexuellen Missbrauch, körperliche Misshandlung, emotionalen Missbrauch, »broken home« und Verlusterlebnisse gefährdet ist, steigt bundes- und weltweit stetig an. Die psychischen Folgeerscheinungen solcher Traumatisierungen im Kindes- und Jugendalter sind tiefgreifend, langanhaltend und vielseitig.

Weltweit sind nach Schätzungen von Flüchtlingsorganisationen sechs bis zehn Millionen Kinder und Jugendliche allein auf der Flucht. Sie fliehen vor Bürgerkrieg, Gewalt, drohendem Kriegsdienst oder politischer Verfolgung, vor Perspektivlosigkeit oder wegen der völligen Zerstörung ihrer Lebensgrundlagen. Viele reisen als unbegleitete minderjährige Flüchtlinge in die Bundesrepublik ein. Schätzungsweise leben zurzeit ca. 5.000–10.000 unbegleitete minderjährige Flüchtlinge in Deutschland. In Europa sind es aktuell ca. 300.000. Viele der jungen Flüchtlinge sind durch ihre Erlebnisse in ihrem Heimatland und auf der Flucht schwerstbelastet. Sie haben Mord, Zwangsrekrutierung, Vergewaltigung, Folter, organisierte Gewalt und bewaffnete Konflikte erfahren. Unter Umständen haben sie nie ein Leben in Sicherheit und »Normalität«, mit regelmäßigem Schulbesuch und ohne wirtschaftliche Not, erlebt.

Es gibt verschiedene Gründe, warum minderjährige Flüchtlinge allein, ohne die Begleitung ihrer Eltern oder anderer Verwandter, in die Bundesrepublik kommen. Viele Familien werden bereits im Heimatland getrennt, etwa durch die Verhaftung und den Verlust der Eltern. Minderjährige aus Kriegs- und Bürgerkriegsgebieten kommen oft auch als Waisen in die Bundesrepublik, da ihre Angehörigen bei Kriegshandlungen umgekommen sind. Ein Teil der Kinder und Jugendlichen wird von ihren Eltern oder von anderen Verwandten in die Bundesrepublik geschickt.

Der psychosozialen Situation von unbegleiteten minderjährigen Flüchtlingen im Allgemeinen und den Bedürfnissen von traumatisierten unbegleiteten Minderjährigen im Besonderen ist bis jetzt in der Fachliteratur nur wenig Beachtung geschenkt worden. Angesichts der weltweiten Fluchtbewegungen ist jedoch auch in Zukunft damit zu rechnen, dass Flüchtlinge, und somit auch unbegleitete minderjährige Flüchtlinge, in die Bundesrepublik kommen.

Der Abschnitt dieses Buches widmet sich daher zunächst der epidemiologischen Ausgangssituation und dem sich daran entlang entwickelnden politisch-fachlichen

Diskurs, um dann die aktuellen wissenschaftlichen Bestrebungen zu erläutern, Licht ins klinische Dunkel der individuellen emotionalen Belastungssituationen zu bringen. Exemplarisch wird am Schluss dieses Abschnittes die Situation durch ein eindrückliches Fallbeispiel eines 14-jährigen schwangeren Mädchen aus Eritrea dargestellt und die entsprechenden fachlichen und gesundheitspolitischen Implikationen dargelegt.

10.2 Situation der minderjährigen Flüchtlinge

Seit dem 1. Oktober 2010 wurden unbegleitete minderjährige Flüchtlinge gemäß § 42 SGB VIII von dem zuständigen Jugendamt in Obhut genommen. Während 2008 lediglich 763 unbegleitete Minderjährige einen Asylantrag stellten, suchten 2013 bereits 2.486 unbegleitete Minderjährige Schutz in Deutschland. Die meisten von ihnen kamen aus Afghanistan (690), Somalia (355), Syrien (285), Eritrea (140) und Ägypten (120) (BAMF 2014).

Die UN-Flüchtlingsorganisation UNHCR geht davon aus, dass im Jahr 2013 51,2 Millionen Flüchtlinge und Binnenvertriebene auf der Flucht waren. Die Hälfte der auf der Flucht lebenden Menschen waren dabei unter 18 Jahren. Auch in Deutschland gibt es viele Minderjährige mit Fluchterfahrung. Die Zahl der unbegleiteten minderjährigen Flüchtlinge (UMF), also Kinder- und Jugendliche, die ohne einen für sie verantwortlichen Erwachsenen in ein fremdes Land geflohen sind, ist seit dem Jahr 2015 sehr hoch. Es kam 2015 zu 14.439 Erstasylanträgen von Kindern und Jugendlichen unter 18 Jahren, wovon 28,7 % unter 16 Jahren waren, 71,3 % zwischen 16 und 18 Jahren. Die UMF kamen dabei vor allem aus Afghanistan (32,9 %), Syrien-Arabische Republik (27,6 %), Eritrea (9,3 %), Irak (9,3 %) und Somalia (5,5 %) (Möhler et al. 2016). Auch die Zahlen in den ersten drei Monaten des Jahres 2016 zeigen, dass die Zahl der unter 18-Jährigen, die auf der Flucht nach Deutschland kommen, weiterhin sehr hoch ist. So wurden im Zeitraum Januar bis April 2016 240.126 Asylerstanträge gestellt, davon waren 76.169 Antragsteller unter 18 Jahren, was einen prozentualen Anteil von 31,8 % ausmacht. Hierbei handelt es sich um unbegleitete minderjährige Flüchtlinge und begleitete minderjährige Flüchtlinge, die mit ihren Familien nach Deutschland kommen. Vor allem die Zahl der Kinder unter vier Jahren ist mit 21.355 sehr hoch. Im Alter von 4–6 Jahren waren es immer noch 6.614, in der Altersspanne 6–11 Jahren 21.087, von 11–16 Jahren 15.979 und von 16–18 Jahren 8.134 Minderjährige mit Fluchterfahrung.

Das Bundesamt für Migration und Flüchtlinge beschreibt für den Berichtszeitraum 2015 dann nochmal eine Verdoppelung der Asylanträge von 83.964 Erstanträgen im Vergleichszeitraum 2014 auf 195.723 Erstanträge bis Juli 2015. Allein im Berichtsmonat Juli wurden 34.384 Anträge verzeichnet, was einer Steigerung um 112 % gegenüber dem Monatswert des Vorjahres entspricht. Diese Zahlen spiegeln die Unabsehbarkeit der Zuwanderungs-Entwicklung wider, aber auch die dringende Handlungsnotwendigkeit für Bund, Länder und Kommunen.

Als Fluchtgründe werden von den Minderjährigen angegeben: Verlust von Eltern durch Krieg oder Verschleppung, Zwangsarbeit, Erleben von Folter und Gewalt, Gefahr durch Kriegswirren. Nach Inobhutnahme durch das Jugendamt werden die Jugendlichen in einem Clearinghaus medizinisch untersucht, dort erhalten sie eine Tagesstruktur ebenso wie Hilfe beim Asylantrag und einen ersten Zugang zu Bildungseinrichtungen. Sprachkurse werden durch ehrenamtliche Helfer durchgeführt. Ein Teil der UMF hat bei Einreise in Deutschland Kontakt zur Herkunftsfamilie, Erfahrungen aus der Clearingpraxis zeigen, dass von dieser teilweise auch ein nicht unerheblicher Druck auf den unbegleiteten Minderjährigen ausgeübt wird, rasch Geld zu verdienen. Diese Jugendlichen zeigen sich hochmotiviert zur Teilnahme an Sprachkursen, drängen auf sofortigen Schulbesuch, zeigen aber auch Tendenzen, sich emotional zu überfordern, was häufig eine zeitnahe kinder- und jugendpsychiatrische Betreuung notwendig macht.

Es ergab sich insofern ein Ungleichgewicht in der Verteilung, als die Grenzländer (z. B. Saarland und Bayern) überproportional viele unbegleitete minderjährige Flüchtlinge aufgenommen haben. Die Anzahl der unbegleiteten minderjährigen Flüchtlinge war insbesondere in 2015 so stark angestiegen, dass der Gesetzgeber sich um eine gerechtere Verteilung über alle Bundesländer einsetzte und den sog. »Königsteiner Schlüssel« ab 1.2.2016 einführte, der bereits im Erwachsenenbereich Anwendung fand und nun auch für die unbegleiteten minderjährigen Ausländer gültig war. Diese Änderung besagte, dass in den erstaufnehmenden Bundesländern standardisierte, schnelle und durchstrukturierte Verteilverfahren eingerichtet wurden. Die verteilenden Bundesländer müssen nun Reisefähigkeit, Minderjährigkeit und Freiheit von ansteckenden Krankheiten ärztlich attestieren, um einen Jugendlichen im Verteilverfahren anmelden zu können. Aufnehmende Bundesländer waren im Jahr 2016 z. B. Rheinland-Pfalz, aber auch Nordrhein-Westfalen oder Thüringen.

Diese in ihrem bürokratischen Ablauf weitgehend geregelten Vorgänge sind begleitet von einem weitaus weniger geregelten inneren Erleben und äußeren Verhalten der jugendlichen Flüchtlinge. Angst, Panik, Hoffnungslosigkeit, Wut, Auflehnung, Protest, Verzweiflung, Ernüchterung, Ohnmacht und Hilflosigkeit – alle diese Gefühle können nacheinander oder gleichzeitig auftreten und insbesondere bei schon vorher traumatisierten Individuen eine ganz erhebliche Re-Traumatisierung erzeugen, wenn hier nicht ausgesprochen transparent, partizipativ und sensibel gearbeitet wird – ein Aspekt, der im hektischen Alltag der Erstaufnahme leicht zu kurz kommen kann.

Dabei haben, wie erwähnt, sehr viele unbegleitete minderjährige Flüchtlinge in ihrem Heimatland oder auf der Flucht traumatische Erfahrungen gemacht. Dies stellt stark erhöhte Anforderungen an die pädagogische Betreuung dieser Zielgruppe. Sozialpädagogisches Handeln bewegt sich hier jedoch zwischen zwei Fronten: Auf der einen Seite stehen die Ansprüche der Sozialpädagogik: Vertrauen herzustellen, Integration zu fördern und Zukunftsperspektiven aufzubauen. Auf der anderen Seite stehen die Regelungen des Ausländer- und Asylrechts, die bei dieser Zielgruppe das Erreichen der genannten pädagogischen Ziele erschweren oder gar verhindern. Darüber hinaus sind Kenntnisse über Traumata und ihre Folgen bei jungen Flüchtlingen unter pädagogischen Fachkräften noch zu wenig bekannt und es fehlen sozialpädagogische Standards zur Betreuung dieser Zielgruppe.

Die häufigsten Reaktionen auf traumatische Erfahrungen sind Symptome der Posttraumatische Belastungsstörung (PTBS). Pädagogische Fachkräfte berichten, dass minderjährige Flüchtlinge unter wiederholten Schlafstörungen mit Albträumen leiden, unkonzentriert wirken, in der Schule nicht aufpassen können und aggressives oder stark passives Verhalten mit Rückzugstendenzen zeigen. Wiederholte Klagen über Bauch- oder Kopfschmerzen und generell ängstliches Verhalten müssen vor einem möglichen traumatischen Hintergrund betrachtet werden. Bei Jugendlichen kann sehr häufig antisoziales Verhalten auftreten, die Autorität der Erzieher wird oft stark in Frage gestellt. Insbesondere Jugendliche, die sich über Monate bis Jahre »alleine durchgeschlagen« haben, tun sich sehr schwer, nun wieder erwachsene Autorität anzuerkennen. Häufig kommt es auch zu Eskalationen von Selbst- und Fremdgefährdung innerhalb und außerhalb der Einrichtungen.

Das psychische Erleben von unbegleiteten minderjährigen Flüchtlingen wird durch ein kompliziertes Geflecht verschiedener Faktoren beeinflusst. Für das Verstehen der bestehenden Traumatisierungen sollte eine einseitige Fokussierung auf Symptome der PTBS vermieden werden, denn sie kann zusätzlich pathologisieren und Kinder zu sehr als passive Opfer denn als aktiv Überlebende erscheinen lassen. Sie sind immer beides!

Da unbegleitete minderjährige Flüchtlinge oft erfahren haben, dass ihr Zuhause zerstört wurde, haben sie Schwierigkeiten, wieder ein Gefühl von Wärme und Geborgenheit herzustellen. Die Entwicklung der Kinder und Jugendlichen kann durch langanhaltende traumatische Bedingungen, wie sie in vielen Krisen- und Bürgerkriegsgebieten der Welt herrschen, massiv beeinflusst sein. Dauerhafte Gewalterfahrungen werden in das psychische System integriert und die moralische Entwicklung und Identitätsentwicklung stark beeinträchtigt, wenn das Trauma nicht behandelt wird.

10.3 Rechtliche Situation von unbegleiteten minderjährigen Flüchtlingen

Die rechtliche Situation unbegleiteter minderjähriger Flüchtlinge in Deutschland ist gekennzeichnet durch das Zusammenwirken unterschiedlicher Rechtsgebiete, deren Zielsetzungen sich im Spannungsfeld zwischen Kinderschutz und Abwehr von Einwanderung bewegen.

Die wichtigsten gesetzlichen Grundlagen sind auf internationaler Ebene die UN-Konvention über die Rechte des Kindes (KRK) und das Haager Minderjährigenschutzabkommen (MSA), auf nationaler Ebene auf der einen Seite das Kinder- und Jugendhilfegesetz (KJHG), auf der anderen Seite die Bestimmungen des Ausländer- und Asylrechts der Bundesrepublik Deutschland, die vorwiegend ordnungsrechtliche Interessen beinhalten.

10.4 Psychosoziale Situation von unbegleiteten minderjährigen Flüchtlingen

Unbegleitete minderjährige Flüchtlinge sind besonders starken Belastungen ausgesetzt. Die Kinder und Jugendlichen müssen oft ganz auf sich selbst gestellt den Verlust ihres Landes und ihrer Eltern bewältigen, die erlebten Traumatisierungen verarbeiten und daneben in neue soziale Beziehungen im Kontext unbekannter soziokultureller Normen investieren.

Oft fühlen sich die Minderjährigen durch den nicht gelebten Abschied von Familie und Freunden traurig, entwurzelt und depressiv. Diese bedrückende Situation wird durch die Anforderungen des fremden Landes noch intensiviert. Dazu gehören vor allem, die neue Sprache zu lernen und sich an fremde Verhältnisse anpassen zu müssen, wie etwa an das »ebenbürtige« Geschlechterverhältnis in Deutschland. Hinzu kommen noch die Aufträge der Eltern: viel zu lernen, höflich zu sein, Geld zu verdienen und zu schicken etc. Viele unbegleitete minderjährige Flüchtlinge fühlen sich ihrer neuen Umgebung ausgeliefert. Zu diesem Gefühl tragen verschiedene Faktoren bei, wie z. B. Kommunikationsprobleme oder das Unverständnis gegenüber den Anforderungen des Asylverfahrens, das den Minderjährigen nicht oder nur unzureichend erklärt wird. Manche Jugendliche haben darüber hinaus völlig überhöhte und unrealistische Erwartungen an ihr Leben im Exil. Nach einer Phase der Euphorie sind sie dann häufig enttäuscht und sehnen sich wieder nach ihrem Herkunftsland. Oft kommt es einige Zeit nach der Ankunft oder auch sehr viel später zu einem seelischen Zusammenbruch, häufig in bestimmten Entwicklungsphasen, wie beim Übergang von Schule zu Beruf oder beim Aufbau einer Partnerbeziehung.

Aus kinder- und jugendpsychiatrischer Sicht bestehen Probleme in der Versorgung dieser Kinder und Jugendlichen auf mehreren Ebenen:

Kinder- und jugendpsychiatrische Kliniken, Tageskliniken, Ambulanzen und Praxen werden daher zunehmend konfrontiert mit jungen Menschen, vorwiegend aus Afghanistan, Syrien und verschiedenen afrikanischen Länder wie Somalia, die eine erhebliche – zumeist posttraumatisch bedingte – psychopathologische Symptomatik aufweisen. Als Kliniker stehen wir zunächst vor den Herausforderungen der sprachlichen Verständigung.

Dolmetschergestützte Kommunikation – wenn sie denn bei Notfallvorstellung überhaupt organisierbar ist – erschwert eine psychopathologische Einschätzung ganz erheblich.

Auch stehen sowohl Arzt wie auch Patient vor erheblichen kulturspezifischen Unsicherheiten, wie genau das Verhalten des jeweiligen Gegenübers auf seinem speziellen kontextuellen Hintergrund überhaupt zu deuten ist. Nicht selten führt dies bei Kriegs- und Folteropfern zu Re-Aktualisierungen von Traumaerinnerungen durch ein Wiedererleben von Ohnmacht, Hilflosigkeit und Ausgeliefertsein in einer komplett unverständlichen Situation.

Eine für die deutsche Forschung wegweisende Metaanalyse (Witt et al. 2015) betont, dass durchaus spezifische therapeutische Verfahren für traumatisierte UMF entwickelt und im Einsatz sind, jedoch in einem prozentual nur geringen Anteil, gemessen an dem in dieser Übersichtsarbeit deutlich hervorgehobenen Bedarf.

Die Arbeit verweist auch auf Therapieverfahren, die schon entwickelt wurden und sich als vielversprechend erwiesen (Eberle-Sejari, Nocon und Rosner 2015), ebenso wie auf die Mindeststandards für die »good practice« in der Arbeit mit Flüchtlingen von Newbiggins und Thomas (2011), die sich wie folgt zusammenfassen lassen:

- Humanistischer, personenzentrierter Zugang, lösungsorientierte Antworten
- Respekt für kulturelle Identität
- Förderung von Gleichheit, Verhinderung von Diskriminierung
- Transparenz, Klarheit und angemessene Geschwindigkeit von Entscheidungen
- Förderung von Integration und Unabhängigkeit
- Verfolgung eines ganzheitlichen Ansatzes im Sinne einer Überwindung institutioneller Barrieren

Die Erfahrungen der Flüchtlingsambulanz der Kinder- und Jugendpsychiatrischen Klinik der Universität Aachen zeigen, dass die bewährten traumatherapeutischen Verfahren nicht ohne weiteres mit UMF durchgeführt werden können. Oftmals findet sich bei diesen Patienten gar kein Verständnis für ein psychotherapeutisches Vorgehen. Dieses muss zunächst aufgebaut werden. Die Durchführung der Behandlung ist weiter durch die Fremdsprachigkeit erschwert. In der z. B. schlafanstoßenden Pharmakotherapie zeigt sich oft, dass unsere bewährten Medikamentendosen für viele Flüchtlinge viel zu hoch sind. Grundsätzlich ist dem Erfolg einer Behandlung eine enge Grenze gesetzt durch eine drohende Abschiebung und den oftmals sich deutlich über ein Jahr hinziehenden juristischen Klärungsprozess.

Jedoch dürfen diese erheblichen und wegweisenden Kompetenzen nicht auf einzelne Zentren beschränkt bleiben.

Die personellen und fachlichen Kapazitäten dafür müssen in der Fläche ausgebaut werden, dies erscheint als eine ganz vordringliche Aufgabe der Kinder- und Jugendpsychiatrie des 21. Jahrhunderts. Eingedenk der Tatsache, dass weltweit 51,2 Mio. Menschen auf der Flucht und die Hälfte davon minderjährig ist (Witt et al. 2015), steht die Kinder- und Jugendpsychiatrie in absehbarer Zeit vor einer der größte Herausforderungen ihrer Geschichte.

Diese Herausforderung ist nur durch einen Schulterschluss zwischen universitären Zentren, sowie Kliniken und Praxen der Allgemeinversorgung zu meistern, weil der Bedarf sich klinisch überall manifestieren wird, wissenschaftlich aber in Deutschland noch erheblicher Nachholbedarf besteht.

In Reaktion auf diese Entwicklungen legte das Bundesministerium für Familie, Senioren, Frauen und Jugend (BMFSFJ) am 9.6.2015 den Entwurf eines Gesetzes zur Verbesserung der Unterbringung, Betreuung und Versorgung ausländischer Kinder und Jugendlicher vor. Der Entwurf begegnet zum einen der heterogenen Praxis, der UMF in Bezug auf ihre Verteilung auf die Bundesländer und Kommunen ausgesetzt sind, zum anderen möchte er Standards festlegen, die dem Kindeswohl, das auch der Maßstab bei minderjährigen Flüchtlingen sein muss, gerecht werden. Die vorherrschende personelle Überforderung in einzelnen Jugendämtern kann dazu führen, dass das Kindeswohl in der Betreuung nicht mehr gewährleistet ist. Zudem werden inhaltliche Kriterien für eine Verteilung wie etwa die Frage, ob sich eventuell Verwandte des Kindes in Deutschland aufhalten, nicht ausreichend berücksichtigt, was an ungeregelten Zuständigkeiten bei der Verteilung oder auch mit Streitigkeiten über die Kostenzuständigkeit zusammenhängen kann. Eine entscheidende Neuerung ist im §42a(2) vorgesehen, in dem explizit erwähnt wird, dass das Jugendamt eine vorläufige Inobhutnahme vornimmt und dabei einschätzen muss, ob eine Verteilung auf eine andere Kommune/Bundesland dem Kindewohl abträglich wäre. Zu problematisieren ist die vorgesehene Regelung, dass eine ärztliche Stellungnahme eingeholt werden soll, die sich dazu äußert, ob eine Verteilung aus gesundheitlichen Gründen nicht möglich ist. Aus kinder- und jugendpsychiatrischer Sicht wird eine psychiatrische Einschätzung hierzu nicht zuletzt bei fehlenden deutschen Sprachkenntnissen der Betroffenen schwer möglich sein, ebenso wenig darüber, inwieweit familienanamnestische Daten zutreffend sind, etc. Begrüßenswert ist aus entwicklungspsychologischer Sicht, dass die Altersgrenze im Rahmen des Aufenthaltsgesetzes auf 18 Jahre angehoben wurde. Damit soll die Praxis, dass 16–18-Jährige zusammen mit Volljährigen in entsprechenden Einrichtungen ohne spezifische pädagogische Ausrichtung untergebracht werden, beendet werden.

Keine Aussagen macht der Entwurf leider zur hoch umstrittenen Altersbestimmungspraxis die manche Jugendämter durchführen (radiologische oder genitale Untersuchung) und die die Jugendlichen schlechter stellt, als es die Praxis des BAMF vorsieht, auch wenn das Bundesministerium für Familie, Soziales, Frauen und Jugend (BMFSFJ) in einer Verbändeanhörung betont hat, diese Bestimmungen in der Zukunft unterbinden zu wollen. Auch die notwendige psychosoziale Versorgung der UMF wird in dem Papier nicht thematisiert, ebenso wenig, wie die medizinische Versorgung und damit die Zusammenarbeit mit der Kinder- und Jugendpsychiatrie und -psychotherapie stattfinden soll. Zudem ist es in der Zukunft zum Teil weiterhin so, dass es bei den minderjährigen Flüchtlingen, was die medizinische Versorgung angeht, eine Zwei-Klassen-Gesellschaft gibt. Bei begleiteten Flüchtlingen, deren Eltern Asylantrag gestellt haben, gelten die Leistungen des Asylbewerberleistungsgesetzes, was im eigentlichen über eine Notfallversorgung hinaus keine medizinischen Leistungen vorsieht. Jedoch sind auch diese Kinder oft schwer traumatisiert.

Zuvor hatte die DGKJP (Fegert et al. 2014) in einer Stellungnahme folgende Problemkreise umrissen: fehlende Übergangsregeln für junge Volljährige, tendenziöse Einschätzung der Belastung in Gerichtsverfahren, Rückschiebung auch von unter 16-Jährigen bereits vor der Einreise und Betreuung der UMF durch zu wenig geeignetes Fachpersonal (50 Mündel pro Vormund, der seine Mündel – entgegen der Gesetzesvorschrift (§ 1793 Abs. 1a BGB) – oft gar nicht kennt!).

Die Autoren weisen in dieser Stellungnahme explizit darauf hin, dass auch für UMF die Standards der UN-Kinderrechtskonvention zu gelten haben, in denen beispielsweise ein Zugang zu Bildungseinrichtungen auch beim Übergang in die Volljährigkeit festgeschrieben ist.

Der in der Folge vom BMFSFJ vorgelegte Gesetzesentwurf zur Verbesserung der Situation und der angeführten Problemlagen wurde von der DGKJP (Fegert et al. 2015) nun am 26.06.2015 in folgenden Aspekten begrüßt:

- Der Zugang zu Leistungen soll nunmehr unabhängig vom Aufenthaltsstatus sein.
- Vor einer Umverteilung von UMFs soll ärztlich geprüft werden, inwieweit der Gesundheitszustand eine solche zulässt.
- Der Vormund soll schon während der ersten vorläufigen Inobhutnahme gestellt werden.
- Die gemeinsame Verteilung von Geschwisterkindern wird als kindeswohldienliche Regel festgelegt.

Grundsätzlich wird der Gesetzesentwurf seitens der Fachgesellschaft also unterstützt, jedoch fordern die Autoren (Fegert und Wiebels 2015) in der Summe bessere Übergangslösungen beim Übergang zum Erwachsenenalter, eine primär am Kindeswohl orientierte Verteilung der UMFs und eine größere Aufmerksamkeit für die psychischen Belastungen der UMF.

Untersuchungen sollten ebenso wie Begutachtungen *immer* unter Zuhilfenahme kinder- und jugendpsychiatrischer Expertise erfolgen, dies gilt entsprechend den Autoren insbesondere auch für die ärztliche Inaugenscheinnahme des Gesundheitszustandes vor einer eventuellen Umverteilung.

Die Entwicklung neuer Standards und Leitlinien, insbesondere des geforderten einheitlichen Trauma-Screenings, erfordert auch intern intensive Abstimmungsprozesse der kinderpsychiatrischen Fachverbände und der Fachgesellschaft.

Diesen Herausforderungen kann unser Fach als Einheit entgegentreten, mit dem Ziel, dass auch politisch zur Kenntnis genommen werden muss, wie wichtig und ernst zu nehmen die Forderungen sind, die Fegert und Wiebels in ihrer offiziellen Stellungnahme der DGKJP (Fegert und Wiebels 2015) für den Umgang mit UMFs als Mindeststandards definieren. Darauf aufbauend erscheint Ausbau und Subspezialisierung kinderpsychiatrischer Strukturen in Anpassung auf den neuen Bedarf absolut unverzichtbar.

Die erste Aufgabe ist ein flächendeckendes Screening, um zumindest einen Überblick über den Bedarf zu erhalten.

Die aktuellen wissenschaftlichen und politischen Entwicklungen in diesem Bereich werden im folgenden Kapitel beschrieben.

10.5 Neue Screeningtools und diagnostische Erfordernisse

Ungefähr 40 % der jungen Flüchtlinge leiden unter ernstzunehmenden psychiatrischen Erkrankungen, bei Anwendung von strengen klinischen Kriterien in Interviewstudien werden PTBS-Raten von 7–17 % ermittelt, bei Fragebogenstudien 11–50 % (Ehntholt und Yule 2006). Im Gegensatz zu anderen Ländern wurde die Situation jugendlicher Flüchtlinge und ihrer Familien in Deutschland insgesamt kaum systematisch untersucht. Die wenigen existierenden Arbeiten beschäftigen sich vor allem mit der sozialen und rechtlichen Situation dieser Gruppe, der Darstellung von Einzelfällen sowie der Situation von Flüchtlingen in bestimmten Orten und Regionen (z. B. Adam, Österreicher, Asshauer und Riedesser 2004; von Balluseck 2003).

Den Flüchtlingskindern wird trotz ihres dramatischen Hintergrunds und ihrer besonderen psychologischen Situation die dringend nötige Therapie oft verwehrt. Das Bewusstsein von Behörden und der Öffentlichkeit für die besondere Lage dieser Flüchtlingsgruppe muss deshalb geschärft werden.

Allerdings ist es damit alleine nicht getan: Viele der vorwiegend männlichen Jugendlichen verbinden mit Psychiatrie eine massive Bedrohung – abgeleitet aus kulturellen Stereotypen der Heimatländer. Dass ein junger syrischer Mann sich nicht schwach oder hilfsbedürftig zeigen darf, ist ein weiterer Hemmschuh auf dem Weg zu einer adäquaten Behandlung, die in Summe derzeit immer noch nur in den allergravierendsten Fällen überhaupt stattfindet und dann eher als Notfallstabilisierung denn als hinreichende, längerfristig wirksame Therapie.

Insbesondere die aktuelle BELLA-Studie (Teil der Kindergesundheitsstudie des Robert-Koch-Instituts von 2010) weist bundesweit ohnehin einen erheblich ansteigenden kinder- und jugendpsychiatrischen Versorgungsbedarf nach, auch und vor allem bei Migrantenkindern, der im Saarland auch nicht ansatzweise gedeckt ist. Die Gefahr der sozialen Ausgrenzung nach unverarbeiteter Traumatisierung durch Gewalterlebnisse ist groß.

Bei unbehandelten Posttraumatischen Belastungsstörungen nach Gewalterlebnissen kann es zu teilweise heftigen Ausbrüchen unkontrollierbarer Gewalt kommen, nach für Außenstehende scheinbar harmlosen sog. Triggern, die an frühere Gewalt- oder Bedrohungserlebnisse erinnern. Eine spezifische Traumatherapie kann das verhindern.

Auch massive Schlafstörungen manifestieren sich oft schon in der Clearingphase, ebenso wie Albträume, Hypervigilanz und emotionale Dysregulation als Vorboten einer sich oft im Verlauf im Vollbild manifestierenden Posttraumatischen Belastungsstörung oder anderer psychopathologischer Folgeerkrankungen.

In einer aktuellen Übersichtsarbeit weisen dabei Witt und Kollegen (2015) darauf hin, dass es zum Thema unbegleitete minderjährige Flüchtlinge und psychopathologische Belastungen zwar eine hinreichende Anzahl europäischer Arbeiten gibt (insbesondere aus Skandinavien, den Niederlanden und Belgien), jedoch keine einzige Originalarbeit aus Deutschland.

Die aktuellen Arbeiten aus dem – insgesamt vorwiegend europäischen – Ausland zwischen 2004 und 2015 weisen laut dem Autorenteam nach, dass die Belastung durch PTSS, Angst, Depression und externalisierende Störungen zwischen 20–80 % liegt, die Schutzfaktoren gegenüber anderen Migrantengruppen deutlich geringer sind und die psychischen Störungen einen erheblichen Trend zur Chronifizierung zeigen, nicht zuletzt deshalb, weil nur ein geringer Anteil der UMF adäquate psychotherapeutische Hilfe erfährt.

Minderjährige mit Fluchterfahrung stellen eine Hochrisikopopulation für die Entwicklung von psychischen Störungen dar, wobei das Risiko für die Entwicklung einer psychischen Störung steigt, je weniger Integrationsleistungen möglich sind. Witt et al. (2015) berichten in ihrem Review, dass bis zu 97 % der UMF potentiell traumatische Erfahrungen gemacht haben. Unbegleitete minderjährige Flüchtlinge haben dabei signifikant häufiger traumatische Erfahrungen als begleitete Flüchtlinge gemacht. Die Prävalenz für eine posttraumatische Stresssymptomatik liegt dabei je nach Studie zwischen 17–62 % für männliche unbegleitete minderjährige Flüchtlinge, bei den weiblichen bei bis zu 71 %. Die Prävalenz für ein Vollbild einer Posttraumatischen Belastungsstörung liegt zwischen 20–30 %. Witt et al. (2015) beschreiben in ihrem Review weiterhin, dass die Prävalenz weiterer psychischer Störungen zwischen 42–56 % liegt. Darunter fallen Depressionen (9–44 %), Angststörungen (18–38 %) und externalisierende Störungsbilder (2–5 %).

Von Vervliet et al. (2014) wird ebenfalls auf die starke psychische Belastung von UMF hingewiesen. Von ihnen wurden UMF über ein Jahr nicht nur mit dem Fokus auf psychische Erkrankungen, sondern auch auf alltägliche Stressoren wie soziale Kontakte, materielle Versorgung (medizinische Versorgung, Wohnsituation, Kleidung, finanzielle Situation), Diskriminierung und weitere Faktoren wie Gefühle der Unsicherheit, ungewisse Zukunft, Probleme mit Dokumenten untersucht. Die Ergebnisse zeigten, dass auch alltägliche Stressoren im Gastland, neben den vorab bestehenden psychischen Belastungsfaktoren, eine bedeutende Rolle im Leben der Jugendlichen spielen. Vor allem im Bereich sozialer Kontakte schilderten fast 50 % Jugendlichen im Verlauf der Studie eine Belastung.

Die Datenlage und damit das Wissen über die Belastungsfaktoren der Minderjährigen mit Fluchterfahrung in Deutschland ist sehr begrenzt. Mehr Informationen über alltägliche Stressoren und deren Konsequenzen werden dringend benötigt, gerade auch um die Mitarbeiter im Alltag gut zu unterstützen. Dabei sieht sich auch das System der professionellen und ehrenamtlichen Helfer vor eine große Herausforderung gestellt und benötigt Unterstützung dabei, die Belastungen der Flüchtlinge einschätzen und entsprechend Interventionen planen zu können. Von Möhler et al. (2016) wurden die großen Herausforderungen in der Diagnose und Behandlung minderjähriger Flüchtlinge angesprochen. Um dieser Situation gerecht zu werden, entwickelten die Autoren ein Konzept zur strukturierten Einschätzung der Belastung und der darauf aufbauenden Interventionsplanung.

Entwicklung von Screeningtools

Im Rahmen eines Austausches unter Experten wurden Mitarbeiter der Flüchtlingshilfe in verschiedenen Bereichen zu den Belastungsfaktoren im Alltag befragt. Ausgehend von einem Belastungsfaktorenmodell des National Child Traumatic Stress Network (NCTSN) wurde ein Modell zu Belastungsfaktoren von Minderjährigen mit Fluchterfahrung entwickelt. Das Modell wurde an verschiedenen Stellen auf deutsche Verhältnisse angepasst und es wurde ein Fragebogen entwickelt, in dem die Teilnehmenden die Belastung auf einer Skala von 1 (gar keine Belastung) bis 6 (größtmögliche Belastung) einschätzen sollten. Zusätzlich sollten sie ihre eigene Sicherheit im Umgang mit diesen Belastungen auf einer Skala von 1 (gar nicht sicher) bis 6 (vollkommen sicher) einschätzen. Zusätzlich wurde gefragt, welche Möglichkeiten die Mitarbeiter sehen würden, die minderjährigen Flüchtlinge in den einzelnen Bereichen besser zu unterstützen.

Dieses Modell wurden mit dem oben beschriebenen Fragebogen einer Pilotevaluation (n=11) unterzogen. An dieser Evaluation nahmen drei Personen aus dem therapeutischen Bereich, zwei aus dem Bereich der Jugendhilfe, drei aus dem pädagogischen Setting einer kinder- und jugendpsychiatrischen Einrichtung, eine Person von einer Beratungsstelle und zwei Personen, die ehrenamtlich in der Flüchtlingshilfe tätig sind, teil, um einen Querschnitt verschiedener Bereiche der Flüchtlingshilfe zu gewährleisten. Die Teilnehmenden sollten einschätzen, wie sie in ihrer Arbeit die Belastung der Minderjährigen mit Fluchterfahrung durchschnittlich einschätzen.

Dabei wurde von den Teilnehmenden die Belastung der minderjährigen Geflüchteten in mehreren Bereichen sehr hoch eingeschätzt. Im Bereich »psychosoziale Situation« wurde mit einem Mittelwert von 5,1 eine sehr hohe Belastung beschrieben, während im Bereich »fehlende persönliche Ressourcen« der Mittelwert von 3,2 eher auf eine mittlere wahrgenommene Belastung hinweist. Die Belastung im Bereich der »generellen Rahmenbedingungen« ergab einen Mittelwert von 4,4, also im Bereich einer höheren Belastung, ebenso wie im Bereich »kulturelle-soziale Integration« (Mittelwert:4,3) und »Isolation« (Mittelwert: 4,2). Demgegenüber wurde die gefühlte Sicherheit im Umgang im Bereich »psychosoziale Situation« mit einem Mittelwert von 3,3 als eher mittelmäßig eingeschätzt, ebenso wie in den Bereichen »generelle Rahmenbedingungen« und »soziale Integration« (Mittelwert: je 3,4) und »Isolation« (Mittelwert: 3). Im Bereich der Sicherheit im Umgang mit »fehlenden persönlichen Ressourcen« liegt der Mittelwert mit 4 tendenziell höher.

Es wurde sowohl in den Einschätzungen anhand des Fragebogens als auch in den begleitenden Gesprächen deutlich, dass sich die Mitarbeiter mehr Unterstützung in vielen Bereichen (psychotherapeutische Versorgung, Jugendhilfe, Deutschkurse, Dolmetscher, Vernetzung) wünschen. Außerdem bestand großer Bedarf nach einer standardisierten, einfach zu handhabenden Belastungseinschätzung.

Das PORTA-Konzept wurde basierend auf diesen Vorschlägen ergänzt, um den Mitarbeiterinnen und Mitarbeitern ein praktikables Instrument zur Belastungseinschätzung bieten zu können (Sukale et al. 2015, 2016). Zur einfachen Handhabbarkeit wurde ein Ampelsystem mit den Farben »grün« (geringe Belastung, geringes Problem), »gelb« (mittlere Belastung, deutliche Problematik) und »rot« (hohe Belastung, schwerwiegende Problematik) verwendet. Es erfolgt zunächst eine Belastungseinschätzung in den einzelnen Unterpunkten der jeweiligen Belastungsfaktoren, dabei soll im Rahmen der Betrachtung der einzelnen Unterpunkte eine orientierende und durchschnittliche Einschätzung der Belastung erfolgen. Am Ende erfolgt anhand der Einschätzungen in den Unterpunkten eine Gesamteinschätzung, die durch einen Algorithmus durch das Programm vorgenommen wird. Entsprechend des Schweregrads der Belastung werden dann für die einzelnen Bereiche Vorschläge für angemessene Interventionen erstellt. Im Screeningbereich der Minderjährigen mit Fluchterfahrungen wird anhand weiterer wissenschaftlich evaluierter Fragebögen ein zusätzlicher Eindruck über die Belastung des Minderjährigen ermöglicht. Das Screening richtet sich an alle Minderjährigen mit Fluchterfahrungen, die in einem definierten Betreuungskontext stehen, d.h. die Befragung kann nur erfolgen, wenn eine Betreuungsperson zur

Verfügung steht. Als Betreuungspersonen kommen Mitarbeiter der Jugendhilfe, Therapeuten und Ärzte, ehrenamtlich Tätige in der Flüchtlingshilfe, Lehrer in Schulen oder Sprachkursen, sowie Mitarbeiter in Clearingstellen und Erstaufnahmeeinrichtungen in Betracht. Die Kinder und Jugendlichen haben die Möglichkeit, mit Unterstützung eines Betreuers das Ampelschema auszufüllen. Für die Minderjährigen mit Fluchterfahrungen werden alle verwendeten Materialien in verschiedenen Sprachen zur Verfügung gestellt. Zusätzlich zum »Ampelschema« werden weitere Screening-Fragebögen verwendet, um nähere Informationen über die Intensität der Belastung zu bekommen. Dabei kommen auch standardisierte Fragebogen zum Einsatz: Refugee Health Screener (RHS-15), Strengths and Difficulties Questionnaire (SDQ), CATS Child & Adolescent Trauma Screening (CATS) und Teile aus dem Self-Injurious Thoughts and Behaviors Interview (SITBI).

Das PORTA-Instrument

Das PORTA-Instrument wurde in einem Zeitraum von vier Wochen von professionellen Helfern zur Einschätzung von 33 männlichen Jugendlichen (mittleres Alter: 16,24 Jahre, SD: 1,03) angewendet. Die Anwendung erfolgte in einer Vorclearingstelle (n=16) und einem Clearinghaus (n=17). In der Vorclearingstelle wird generell eine Eingangsuntersuchung durchgeführt, in der vom Arzt dokumentiert werden muss, ob Minderjährigkeit vorliegt, infektiöse Erkrankungen bestehen und ob Reisefähigkeit gegeben ist und der Jugendliche somit am Verteilverfahren in andere Bundesländer teilnehmen kann. Es erfolgt eine vorläufige Inobhutnahme durch die administrative Leitung des Vorclearings, welche die vorübergehende Vormundschaft ausübt. Bei mangelnder Reisefähigkeit verbleibt der Jugendliche zunächst im Vorclearing, bis Reisefähigkeit – und somit Teilnahme am Verteilverfahren – hergestellt werden kann. Im Clearinghaus hingegen ist ein Verbleib bis zur Vollendung des 18. Lebensjahres festgelegt, entsprechend besteht Schulpflicht und die Möglichkeit zur Teilnahme an zahlreichen Integrationsprogrammen. Auch im Clearinghaus werden sehr stark belastete Jugendliche entsprechend kinder- und jugendpsychiatrisch unterstützt. Die Jugendlichen, die hier gescreent wurden, zeigten sich einigermaßen stabil im Alltag.
Die Mitarbeiter kamen aus unterschiedlichen Berufsgruppen (Freiwilliges Soziales Jahr, Musiktherapeut (Bachelor) in Ausbildung zum Kinder- und Jugendpsychotherapeuten, Diplom-Pädagoge, Psychologin, approbierter Kinder- und Jugendpsychotherapeut, Fachärztin für Kinder- und Jugendpsychiatrie und Psychotherapie). Die Altersspanne der Ausfüllenden lag zwischen 19 und 50 Jahren, mit einem Durchschnittsalter von 27,33 Jahren (SD: 5,56). Die Dauer der Tätigkeit in der Flüchtlingsarbeit reichte dabei von 3 bis 13 Monaten, bei einem Mittelwert der Erfahrung in diesem Bereich von 9,58 Monaten (SD: 4,15).
Die untersuchten Jugendlichen waren alle männlich Die Kinder und Jugendlichen sowie deren Sorgeberechtigten bzw. gesetzlichen Vormünder und die Mitarbeiterinnen und Mitarbeiter der Flüchtlingshilfe wurden vor Teilnahme schriftlich informiert und gaben ein schriftliches Einverständnis. Die Durchführung erfolgte unter Beachtung der Deklaration von Helsinki.

Nach Erfassung in o. g. »Ampelschema« wurden die Einschätzungen gemäß einem Zahlenschema codiert (»grün« = »1«, »gelb« = »2« und »rot« = »3«). Im Onlinetool wird dann durch einen Algorithmus ein Mittelwert errechnet und es erfolgt durch das »Ampelschema« eine direkte Rückmeldung an den Ausfüllenden. Mittelwertvergleiche wurden mittels T-Tests berechnet. Vergleiche zwischen mehreren Gruppen wurden anhand einer einfaktoriellen Varianzanalyse (ANOVA) durchgeführt. Multiple Vergleiche wurden nach Bonferroni-Methode korrigiert. Die statistische Auswertung erfolgte mittels SPSS 20 (IBM, SPSS Statsitics)

Ergebnisse

Von den 33 teilnehmenden UMF kamen 19 aus Syrien, neun aus Afghanistan, drei aus dem Irak und jeweils einer aus Somalia und dem Sudan.

Unterteilt in Vorclearingstelle und Clearinghaus kamen in der Vorclearingstelle elf Jugendliche aus Syrien, drei aus Afghanistan und jeweils einer aus dem Sudan und Somalia. In der Clearingstelle kamen acht Jugendliche aus Syrien, sechs aus Afghanistan, zwei aus dem Iran und einer aus dem Irak. In der Vorclearingstelle waren zwei Jugendliche weniger als einen Monat in Deutschland, elf zwischen einem und sechs Monaten und drei zwischen sieben und zwölf Monaten. Im Clearinghaus waren elf Jugendliche zwischen einem und sechs Monate in Deutschland und sechs Jugendliche zwischen sieben und zwölf Monate. Die Mehrzahl der Jugendlichen (n=32) hatte den Aufenthaltsstatus einer Duldung, einer der Jugendlichen hatte eine Aufenthaltsgestattung.

Der Alltag in der Vorclearingstelle bestand bei 15 Jugendlichen aus Sportangeboten und Deutschmodulen in der Vorclearingstelle, einer der Jugendlichen hatte noch keine regelmäßige Alltagsbeschäftigung. In der Clearingstelle besuchten 15 Jugendliche Flüchtlingsklassen mit Deutschunterricht, einer besuchte die 7. Klasse einer Hauptschule und einer besuchte Vorlesungen an einer Berufsakademie. Betrachtet man die Schulbildung im Herkunftsland, so wurde bei sieben Jugendlichen in der Vorclearingstelle angegeben, dass es keinen Schulbesuch gegeben hatte, neun Jugendliche hatten eine Schule in ihrem Herkunftsland besucht. Im Clearinghaus hatten drei Jugendliche keine Schule besucht, 13 hatten Schulerfahrungen und einer kam mit einem Schulabschluss aus dem Herkunftsland nach Deutschland. Der Kontakt zur Familie war in der Vorclearingstelle bei 14 Jugendlichen gegeben, zwei der Jugendlichen hatten keinen Kontakt zu ihrer Ursprungsfamilie. In der Clearingstelle hatten alle 17 Jugendlichen Kontakt zu ihrer Ursprungsfamilie.

Betrachtet man nun die Ergebnisse zur Belastung in den einzelnen Bereichen auf einer dreistufigen Skala und vergleicht dabei die Jugendlichen aus der Vorclearingstelle mit denen aus dem Clearinghaus kommt man zu folgenden Ergebnissen, die auf vier Ebenen dargestellt werden.

Gesamtbelastung

Der Mittelwert im Vorclearinghaus zeigt eine höhere Belastung (MW: 1,69) im Vergleich zu dem Ergebnis im Clearinghaus (MW: 1,21) (t-Wert: 5,46, p: <,001).

Individuelle und externe Belastungsfaktoren

Es zeigt sich kein signifikanter Unterschied in der Fremdeinschätzung hinsichtlich individueller Belastungsfaktoren zwischen Jugendlichen im Vorclearing-Haus (MW: 1,57) und UMF in der Clearingstelle (MW: 1,40). Bei der Einschätzung externer Belastungsfaktoren wird bei Flüchtlingen in der Vorclearingstelle (MW: 1,76) eine höhere Belastung geschildert, als von Jugendlichen in der Clearingstelle (MW: 1,08; t-Wert: 9,13, p: <,001).

Oberkategorien

In der Oberkategorie Psychosoziale Belastung zeigt sich im Bereich Vorclearing (MW: 1,56) und Clearing (MW: 1,50) eine erhöhte Belastung ohne signifikanten Unterschied. Auch im Bereich »fehlende persönliche Ressourcen« werden Jugendliche in der Vorclearingstelle (MW: 1,59) signifikant höher belastet eingeschätzt als in der Clearingstelle (MW: 1,21; t-Wert: 2,17, p: ,04); ein Unterschied, der sich auch in der Oberkategorie der »generellen Rahmenbedingungen« finden lässt (MW Vorclearing: 1,72; MW Clearing: 1,06; t-Wert: 8,15, p: <,001). Auch im Bereich »kulturelle-soziale« Integration zeigen sich höhere Belastungswerte für die Vorclearingstelle (MW von 1,70) im Vergleich zur Clearingstelle (MW: 1,07; t-Wert: 5,81, p:<,001), ebenso wie im Bereich »Isolation« (Vorclearingstelle MW: 1,97, Clearingstelle MW: 1,18; t-Wert: 6,58, p: <,001).

Unterkategorien

In der Übersicht in Kapitel 3 sind die einzelnen Unterkategorien zusammengefasst. Auch hier zeigt sich in vielen Bereichen eine signifikant höhere Belastung im Bereich der Vorclearingstelle.

Aufenthaltsdauer

Wenn man die Aufenthaltsdauer in Deutschland und die Wohndauer in der Unterkunft, in der gescreent wurde, näher betrachtet und diese in Bezug zur Gesamtbelastung setzt, so zeigt sich, dass sich bezüglich der Aufenthaltsdauer in Deutschland kein Unterschied in der Gesamtbelastung ergibt. Betrachtet man die Zeitdauer der momentanen Wohnsituation, so wird deutlich, dass jene Jugendliche, die bereits länger als sieben Monate in der jetzigen Wohnsituation verbracht haben, eine deutlich niedrigere Gesamtbelastung aufweisen als jene, die weniger als einen Monat in ihrer gegenwärtigen Wohnsituation verbracht haben (p:.02).

Das Instrument zur Einschätzung von Belastungen und Ressourcen bei Minderjährigen mit Fluchterfahrungen (PORTA) ist online verfügbar. Von Mitarbeitern einer Vorclearing- und einer Clearingstelle für UMF wurden dabei die Belastungen von 33 männlichen UMF eingeschätzt.

Betrachtet man nun die ersten Ergebnisse dieser Pilotstudie zum PORTA Instrument, so werden die Unterschiede in den zwei Bereichen Vorclearingstelle und

Clearinghaus deutlich. Dies kann als Ausdruck dafür gesehen werden, dass mit zunehmender Sicherheit und Stabilität die Belastung im Fremdurteil als geringer eingeschätzt wird. Es scheint nachvollziehbar, dass die Belastung mit zunehmender Sicherheit und Zeitdauer abnimmt, da die Eingewöhnung in den Alltag, die Regelung asylrechtlicher Angelegenheiten und ein Kennenlernen anderer Jugendlicher und deren Betreuer stattfindet.

Die geschilderten Belastungen selbst stehen im Einklang mit den in der Übersichtsarbeit von Witt et al. (2015) geschilderten erhöhten Werten an psychopathologischen Auffälligkeiten. Darüber hinaus wurde von Hargasser (2014) festgehalten, dass der Fokus neben der Frage nach emotionalen Störungen, die aus traumatischen Erfahrungen, Trennung in der Vergangenheit, Not und Entbehrungen entstehen, auch auf das Zurechtkommen der Kinder und Jugendliche mit ihrem Alltag gelegt werden muss. Unbestritten befinden sich die Kinder und Jugendlichen in einer schwierigen Situation und der Fokus liegt zumeist auf deren Vulnerabilität, dem hohen Schutzbedürfnis und der Abhängigkeit von Hilfe. Dadurch gerät oft die Tatsache in den Hintergrund, dass diese Kinder und Jugendlichen durchaus aktive, kompetent handelnde Menschen sind, die sich schon in ihrer Vergangenheit an sehr schwierige Situationen angepasst haben und die potentiell traumatisierende Erlebnisse überlebt und bewältigt haben. Witt et al. (2015) stellen in ihrem Review fest, dass 44–58 % der minderjährigen Flüchtlinge kein psychiatrisches Störungsbild entwickeln. Es ist daher wichtig zu beachten, dass Belastungen und Herausforderungen auch extremster Art nicht zwangsläufig zu psychischen Störungen führen müssen, obwohl minderjährige Flüchtlinge besonderen Widrigkeiten und Herausforderungen ausgesetzt sind, die ein deutliches Potential einer Entwicklungsgefährdung in sich tragen. Es besteht daher über die Erfassung von Belastungen hinaus die Frage, auf welche Ressourcen diese Kinder und Jugendliche zurückgreifen können, sodass eine, wie in PORTA praktizierte, Erfassung und Evaluation beider Bereiche sinnvoll erscheint.

Stellt man sich die Frage, wie man die Seite der Ressourcen stärken könnte, so verweist Fazel et al. (2012) darauf, dass die Kenntnisse der Sprache des Gastlandes mit weniger psychischer Symptomatik verbunden war. Dies lässt schlussfolgern, dass ein Verstehen der Sprache auf beiden Seiten (Flüchtlinge und Helfer) für eine entlastende Atmosphäre förderlich sein kann, während mangelnde Sprachkenntnisse wiederum als Risikofaktor für psychische Gesundheit angesehen werden können (Fegert et al. 2015). Der Zugang zu Deutschunterricht kann also den Minderjährigen mit Fluchterfahrungen in vielerlei Hinsicht hilfreich sein. Dies zeigt sich entsprechend in den Vergleichen Vorclearing- und Clearingstelle dahingehend, dass die Jugendlichen in der Clearingstelle Flüchtlingsklassen mit Deutschunterricht besuchen und schon länger die Sprache erlernen, während in der Vorclearingstelle die Sprache noch fremder ist und lediglich Deutschmodule unterrichtet werden. Ein weiterer Punkt ist die dadurch gewonnene Tagesstrukturierung für die Kinder und Jugendlichen. Die Integration in Sport- und Freizeitaktivitäten dient neben dem schulischen Angebot einer Strukturierung des Alltags, ermöglicht aber auch als wichtiger Punkt die Integration in die Gesellschaft.

Als Limitation ist zu beachten, dass es sich bei den vorgestellten Daten um eine Fremdbeurteilung handelt. Zudem bestehen Selektionseffekte, da die am schwersten belasteten Jugendlichen direkt im klinischen kinder- und jugendpsychiatrischen Kontext versorgt werden. Seit Eröffnung der Clearingstelle (1.9.2015) und des Vorclearings (1.2.2016) war allerdings nur in einem einzigen Fall eine kinder- und jugendpsychiatrische stationäre Aufnahme erforderlich. Alle anderen Jugendlichen konnten mit einem DBT-basierten Stressregulationskonzept vor Ort stabilisiert werden. Angesichts der Verschärfungen im Asylpaket II, wonach nur noch akute Krisen mit Selbst- und Fremdgefährdung wie z. B. Suizidversuche als direktes Abschiebehindernis angesehen werden, ist jedoch mit einer Verschärfung dieser Situation zu rechnen (vgl. Stellungname der DGKJP zum Asylpaket II. Dennoch zeigt sich auch bei den in der Vorclearing- oder Clearing-Stelle verbleibenden Jugendlichen eine deutliche Belastung in vielen Bereichen.

Insgesamt kann festgehalten werden, dass PORTA ein einfach zu handhabendes Screening-Tool sowohl für Mitarbeiter in der Flüchtlingshilfe als auch für die geflüchteten Jugendlichen selbst darstellt. Erste Erfahrungen mit dem Screening durch Mitarbeiter bestätigen die einfache Handhabung und die gewonnenen Erkenntnisse zur möglichen Unterstützung in den Belastungsbereichen der Minderjährigen mit Fluchterfahrung. Im Rahmen eines »user-driven« Feedback-Prozesses wird das PORTA-Instrument konstant weiterentwickelt um die bestmögliche Anwendbarkeit zu gewährleisten. Als nächster Schritt wird eine synchrone Befragung der minderjährigen Flüchtlinge und deren Betreuer in einer größeren Stichprobe angestrebt.

10.6 Fallbeispiel: Lula

Die 16-jährige eritreische Jugendliche namens Lula kam per Krankentransport als Verlegung aus der Kinderklinik zur Krisenintervention in die Kinder- und Jugendpsychiatrie. Die Jugendliche sprach Tigrinya, so dass die direkte sprachliche Verständigung zunächst nicht möglich war. Die Patientin hatte in der Kinderklinik akute Suizidabsichten geäußert. Sie wollte auf einen Balkon gehen und sich herunterstürzen.

Akuter Auslöser der Suizidabsicht war eine am Vortag erstmalig festgestellte Schwangerschaft in der 23. SSW. Die Schwangerschaft war vorher von der Patientin nicht wahrgenommen worden, vielmehr gänzlich verleugnet worden.

Sie blieb zunächst freiwillig in der Klinik, per Telefon konnte eine Dolmetscherin, die das Mädchen bereits kannte, zunächst Sicherheit geben und zusagen, in der nächsten halben Stunde in die Klinik zu kommen.

Die Patientin schien durch die Anwesenheit der Dolmetscherin beruhigt, mit deren Hilfe zunächst die aktuelle Situation der Jugendlichen erfragt und der *psychische Befund* erhoben wurde:

Die Patientin war allseits orientiert und ein Rapport war mit Hilfe der Dolmetscherin herstellbar. Inhaltliche oder formale Denkstörungen konnten nicht festgestellt werden. Die affektive Schwingungsfähigkeit war eingeschränkt. Die Patientin berichtete von Intrusionen und Dissoziationen, Albträumen, Schlaflosigkeit, Ängsten und somatoformen Beschwerden. Sie wirkte sehr verzweifelt, weinte und schilderte, dass sie vergewaltigt worden sei und erst seit dem Vortag erfahren habe, dass sie schwanger sei. Seit sie von der Schwangerschaft wisse, sei sie verzweifelt und Erinnerungen an die Vergewaltigung und die ganze Flucht tauchten immer wieder auf. Dies sei vorher anders gewesen, jetzt habe sie nur noch Angst und Panik. Sie wolle nicht weiterleben, wenn sie das Kind austragen müsse. Sie konnte sich nicht von Suizidalität distanzieren.

Sie willigte aber ein, zunächst freiwillig in der KJPP zu bleiben.

Anamnese

Zur aktuellen Situation erzählte die Patientin, sie habe sich seit ein paar Tagen nicht gut gefühlt. Als sie sich mehrmals erbrochen habe, seien die Betreuer in der Wohngruppe in Sorge gewesen. Zuvor habe sie schon Bauchschmerzen und Husten gehabt und unter Übelkeit gelitten. Beim Treppensteigen habe sie Schmerzen gespürt und insgesamt sei sie körperlich schwach gewesen.

Eine Betreuerin aus ihrer Wohngruppe habe sie dann in die Kinderklinik gefahren. Dort habe sie erstmals von ihrer Schwangerschaft erfahren.

Sie habe sich daraufhin von dem Balkon der Klinik stürzen wollen, weil sie die Information über die Schwangerschaft in Verzweiflung gestürzt habe. Verzweifelt sei sie immer noch. Sie wolle nicht mehr weiterleben. Seitdem wolle sie nur noch sterben, wenn sie das Kind austragen müsse. Auf der Flucht sei sie von mehreren Männern vergewaltigt worden. Es seien Verbrecher gewesen. Sie habe alles vergessen wollen. Jetzt kämen alle Bilder wieder. Sie müsse an die schlimmen Ereignisse denken, sie wolle aber lieber vergessen, sie empfinde nur noch Angst. Vergessen könne sie nur, wenn sie die Schwangerschaft abbrechen würde.

Nur so könne sie ein normales Leben führen, sie wolle einfach nur deutsch lernen, zur Schule gehen und einen Beruf lernen.

Die wahrscheinlich komplextraumatisierte Jugendliche wollte unter allen Umständen einen Schwangerschaftsabbruch erwirken und hatte mit Hilfe ihrer Betreuer einen Termin zur Schwangerschaftskonfliktberatung in einer Beratungsstelle und einen weiteren Termin in einer gynäkologischen Abteilung in einer Universitätsklinik.

Aus den Schilderungen der Betreuerin und nach Informationen der behandelnden Ärztin sei in der Kinderklinik nach sonographischer Untersuchung die Schwangerschaft festgestellt worden. Zudem seien laut Bericht per Inspectio Verstümmelungen im Genitalbereich aufgefallen. Weitere Untersuchungen seien von der Patientin verweigert worden, eine Vorstellung im Perinatalzentrum der Frauenklinik erfolgte. Auch hier habe die Patientin nur eine sonographische Untersuchung zugelassen.

Die Patientin berichtete, dass sie auf der Flucht, die sie allein unternommen habe, neben der erwähnten Vergewaltigung weitere extrem belastende Fluchtereignisse erlebt, ständig begleitet von starker Furcht vor Gewalt und Misshandlung. Besonders nachts sei sie zusammen mit den anderen Jugendlichen vielen Bedrohungssituationen ausgesetzt gewesen. Die Nächte hätte sie meistens im Freien verbringen müssen, oft seien »Verbrecher« gekommen. Sie habe in dieser Zeit wenig geschlafen und Angst um ihr Leben gehabt. Schlafen könne sie heute noch kaum, sie habe Albträume. Sie habe beobachtet, wie andere Menschen auf der Flucht misshandelt, ausgeraubt oder einfach im Stich gelassen worden. Die Schlepper seien auch gefährlich gewesen.

Die Patientin schilderte weiter, dass sie vor der Flucht in ihrer Heimat extremen Misshandlungs- und Gewaltsituationen ausgesetzt gewesen sei. Sie habe bereits häufig mitansehen müssen, wie andere Menschen geschlagen und vom Militär abgeführt wurden. Auch ihr habe die Zwangsrekrutierung gedroht. Ihre Familie habe sie nur wenig schützen können. Ihre Mutter und ihre Geschwister vermisse sie, über ihren Vater äußert sich die Patientin nicht. Ihre Mutter und ihr Onkel, bei dem sie aufgewachsen sei, hätten ihr gesagt, sie müsse flüchten. Ihr Onkel habe die Flucht finanziert.

Die Patientin gab an, dass sie sich vor ca. sechs Monaten auf die Flucht begeben habe. Ihre Mutter und ihre zwei jüngeren Geschwister seien in Eritrea geblieben. Sie sei mit anderen Jugendlichen in den Sudan gegangen, um von dort aus nach Libyen und dann nach Europa zu fliehen.

Im Sudan seien sie von »Verbrechern« überfallen worden. Es sei Nacht gewesen und mehrere Männer seien es gewesen, die sie dann vergewaltigt hätten. Sie und die anderen Jugendlichen hätten die Flucht nicht bis Libyen geschafft und seien zurück in den Sudan gegangen.

Nach ein paar Tagen hätten sie sich erneut auf den Weg nach Libyen gemacht. Sie habe gedacht: »Jetzt ist es egal, entweder ich schaffe das oder ich werde sterben.« Sie seien über das Meer nach Italien gekommen. Das Boot sei überfüllt gewesen, Wasser sei eingedrungen. Sie habe nur sehr wenig zu trinken gehabt, einmal am Tag. Drei Tage seien sie über das Meer getrieben. Vor Italien seien große Boote gekommen und hätten sie aufgegriffen und an Land gebracht.

Von Italien sei sie über Österreich nach Deutschland gekommen.

Sie sei ständig unter großer Anspannung gewesen, habe aber gedacht, es gebe keinen Weg mehr zurück. Diese Einstellung habe ihr geholfen, die Strapazen auch in Europa zu überstehen.

Die Bedingungen in Eritrea seien sehr schlimm gewesen, sie schien bei diesem Gedanken stark belastet und verfiel in Dissoziationen, jedoch konnten diese rasch unterbrochen werden.

Im Moment mache sie sich auch große Sorgen um ihre Familie und hoffe, irgendwann ihre Mutter und ihre Geschwister nach Deutschland holen zu können. Dafür würde sie einen guten Beruf lernen wollen.

Nach Eritrea wolle sie nie wieder zurück. Dort könne sie nicht überleben.

Exkurs: Zur Situation von Mädchen in Eritrea

Nach Angaben von Human Rights Watch (2009) kommt es durch die Regierung in Eritrea zu schwerwiegenden Menschenrechtsverletzungen wie Folter, willkürliche Festnahmen, extremen Haftbedingungen, Zwangsarbeit, Einschränkungen der Bewegungs-, Meinungs- und Glaubensfreiheit. Das Militär kontrolliert alle Lebensbereiche der eritreischen Bevölkerung und verpflichtet

Mädchen und Jungen ab der 12. Schulklasse zum Militärdienst, dem sogenannten »Nationalen Dienst«. Besonders tragisch wird dabei die Situation von jungen Frauen und Mädchen ab dem Alter von 15 Jahren geschildert, ihnen droht Zwangsheirat oder militärische Zwangsrekrutierung. Wer sich dem Militärdienst entzieht, gelte als Deserteur. Gefängnis, Folter oder Tod seien meist die Konsequenz.

Eritrea ist auch eines der Länder mit einer sehr hohen Verbreitung der weiblichen Genitalverstümmelungen (Female Genital Mutilation). Diese werden in unterschiedlicher Form von allen in Eritrea beheimateten Ethnien und Religionsgemeinschaften praktiziert. Die Eingriffe werden zu ca. 60 % von traditionellen Beschneiderinnen durchgeführt, aber auch von den Mädchen nahestehenden Personen wie Nachbarinnen, Großmüttern oder auch von der eigenen Mutter (Terre des Femmes 2009).

Die Folgen sind meistens lebenslange physische und psychische Probleme.

Motive, Mädchen einer spirituellen Reinigung zu unterziehen, sind Schutz vor Schmutz, ihre Jungfräulichkeit zu erhalten, ihre Fruchtbarkeit zu erhöhen oder auch durch bessere Heiratschancen wirtschaftlich abgesichert zu sein und soziale Ausgrenzung zu verhindern.

Verlauf

Der Zustand der Patientin verschlechterte sich zunächst. Sie verweigerte in der KJPP die Nahrungsaufnahme mit der Begründung, sie faste aus religiösen Gründen. Am nächsten Tag konnte sie eine minimale Menge an Nahrung und Flüssigkeit zu sich nehmen.

Sie schilderte immer wieder, dass sie auf keinen Fall das Kind austragen wolle. Sie wolle dann nicht weiterleben.

Emotional wechselte die Patientin zwischen Zuständen von emotionaler Überflutung und emotionaler Taubheit. Sie sagte, wenn sie die Schwangerschaft abbrechen könne, dann könne sie eine Zukunft haben. Ohne kongruente emotionale Beteiligung schilderte sie weiter, sie wolle nach dem Schwangerschaftsabbruch in die Schule gehen, Deutsch lernen und einen Beruf erlernen. Die Patientin beschäftigte sich nicht mit möglichen Belastungen, die aus einem Schwangerschaftsabbruch entstehen könnten.

Aufgrund des fortgeschrittenen Schwangerschaftsstadiums war eine psychiatrische Indikation zum Schwangerschaftsabbruch nicht ohne Weiteres zu geben. Die Patientin war körperlich gesund, das Kind in diesem Schwangerschaftsstadium grundsätzlich lebensfähig. Im Akutbereich unserer Klinik erhielt die Patientin eine 1:1-Betreuung. Sie äußerte wiederholt, sich jetzt oder auch nach der Geburt des Kindes umbringen zu wollen.

Eine Fallkonferenz mit der gynäkologischen Klinik der Universität wurde einberufen und die zuständige Ethikkommission eingeschaltet.

Diese lehnte den Abbruch zu einem so späten Zeitpunkt ab. De facto hätte zu diesem Zeitpunkt nur eine medizinische Indikation gerechtfertigt sein können, wenn das Leben der Mutter durch das Austragen der Schwangerschaft in Gefahr *und* dieser Gefahr nicht anderweitig abzuhelfen wäre.

Die Ethikkommission kam zu dem Schluss, dass der in diesem Fall vorliegenden Lebensgefahr der Mutter durch suizidale Handlungen durch eine Unterbringung in der Kinder- und Jugendpsychiatrie abgeholfen werden könne.

Die Patientin wurde weiterhin im Akutbereich der Klinik geführt. Dort verweigerte sie dann gänzlich Essen und Trinken. Dies führte zur Dehydratation und zur Bradykardie. Auch der psychische Zustand wurde aufgrund der mangelnden Flüssigkeitszufuhr und Nahrungsverweigerung labiler. Ruminierende Gedanken um den Wunsch des Schwangerschaftsabbruchs, Gedankeneinengung und Dissoziationen, emotionale Dysregulation und suizidale Gedanken waren erkennbar bzw. von der Patientin (mit Hilfe der Dolmetscherin) mitgeteilt worden.

Therapeutisch versuchten wir die Patientin mit klarer, aber achtsamer und validierender Haltung und Psychoedukation bzgl. ihrer körperlichen Verfassung zu erreichen und hofften sie zum Trinken und zur Nahrungsaufnahme bewegen zu können. Die mögliche Alternative einer Ernährung per Infusion mit Aminosäuren-Glucose-Elektrolytlösung wurde der Patientin dringend empfohlen, dann aber von ihr ablehnt.

Stattdessen ließ sie sich zur Nahrungsaufnahme nachmittags am zweiten Tag des Klinikaufenthaltes bewegen.

In Folge nahm sie ihre erste Mahlzeit zu sich, zwei Brötchen, drei Becher gesüßten Tee und einen Becher Wasser. Sie war dazu aufgestanden und hatte sich zusammen mit der Dolmetscherin und der Therapeutin an den Tisch gesetzt. Nach Nahrungsaufnahme war sie deutlich ansprechbarer und konnte sich aktiv an Gesprächen beteiligen.

Wir vereinbarten mit der Patientin, dass sie regelmäßig und genügend Essen und Trinken müsse. Sie erstellte eine Liste mit Nahrungsmitteln – Milchprodukte lehnte sie ab und wünschte die Berücksichtigung ihrer veganen Ernährung. Darauf stellte die Klinikküche sich ein. Seit diesem Zeitpunkt nahm sie regelmäßig und in ausreichender Menge Essen und Getränke zu sich.

Die Patientin ließ sich auch in Folge auf eine Blutentnahme ein. Alle Laborwerte waren im Normbereich, außer einem geringfügigen Eisenmangel.

Sie fragte erneut, ob ein Schwangerschaftsabbruch möglich sei. Eine klare Aufklärung über die Ablehnung des Schwangerschaftsabbruchs durch die Ethikkommission der Gynäkologie nach Betrachtung der Gutachten und der fortgeschrittenen Schwangerschaft wurde von der Patientin zur Kenntnis genommen, ohne dass sie im direkten Kontakt weitere Suizidabsichten äußerte.

Am dritten Tag fand ein weiterer Termin mit der Dolmetscherin statt. Die Patientin äußerte den Wunsch, wieder in die Wohngruppe zurück zu dürfen.

Allerdings wirkte sie noch immer emotional instabil, eine Eigengefährdung konnte nicht ausgeschlossen werden.

Im Rahmen des Case-Managements der KJPP wurde kurzfristig am gleichen Tag ein Termin mit der Bereichsleitung der Wohngruppe in der KJPP vereinbart. Der zuständige Bereichsleiter teilte mit, dass derzeitig der Verbleib der Jugendlichen in der Wohngruppe nach der Phase der Krisenintervention in Frage stünde. Vielmehr gäbe es die Überlegung, die Jugendliche in einer Mutter-Kind-Einrichtung aufzunehmen, dies sei aber noch nicht geklärt.

Die Patientin fühlte sich zu diesem Zeitpunkt aber in der Wohngruppe wohl, in der sie Kontakt zu weiteren Mädchen aus Eritrea aufgenommen hatte. Alleine sich sprachlich mitteilen zu können, war der Patienten enorm wichtig.

Am fünften Tag der Aufnahme wurde daher eine größere Helferkonferenz kurzfristig in der KJPP einberufen mit Beteiligung des Vormundes, des Jugendamtes, Mitarbeitern der Wohngruppe und Therapeuten der KJPP.

In der interdisziplinären Fallkonferenz wurde festgelegt, dass die Patientin – sofern sie absprachefähig und nicht mehr suizidal sei – zurück in die Wohngruppe gehen könne. Außerdem erfolgte die Planung, dass die Patientin erneut eine Beratung über ihre Möglichkeiten in Bezug auf Adoption und Pflegschaft für ihr Kind und/oder der Mutter-Kind-Betreuung zeitnah erhalten solle.

Des Weiteren wurde seitens der KJPP ein Termin bei der nachbehandelnden Gynäkologin veranlasst und es wurden ihr alle relevanten Informationen übermittelt.

Nach der Helferkonferenz wurden die Ergebnisse zusammen mit der Patientin, der Dolmetscherin und der Therapeutin besprochen.

Die Patientin willigte ein, zu ihrem eigenen Schutz und zur weiteren Stabilisierung noch in der KJPP zu verbleiben, konnte aber zur Überprüfung ihrer Absprachefähigkeit und zur Förderung ihrer Selbstwirksamkeit den Akutbereich verlassen und sich auf der offenen Psychotherapiestation aufhalten. Ein Aufenthalt im Außenbereich wurde mit Begleitung ermöglicht. Erste Stabilisierungstechniken und Skills zur Stresstoleranz und Affektregulation wurden mit der Patientin besprochen und geübt.

Trotz der ersten Stabilisierung war die Patientin durch die Schwangerschaft enorm belastet. Allerdings war sie in der Lage, ihre Situation anzunehmen und sich von Suizidabsichten deutlich zu distanzieren. Dabei sei der Gedanke an ihre Mutter und ihr Glauben hilfreich.

Am Wochenende fanden durch die Betreuer der Wohngruppe Besuchskontakte statt und trotz sprachlicher Hürden konnte so eine wichtige Betreuungskontinuität gewährleistet werden. Dies war für den Stabilisierungsprozess bedeutsam und die Betreuer konnten alleine durch einen fürsorgenden Kontakt zu der Patientin eine Caregiver-Funktion übernehmen.

Nach dem Wochenende, am siebten Tag der Krisenintervention, konnte die Patientin körperlich und psychisch stabilisiert entlassen werden. Sie distanzierte sich von Suizidalität. Allerdings war ihre Belastung durch die Schwangerschaft und die erlebten Traumata deutlich.

Wir vereinbarten einen Wiedervorstellungstermin nach einer Woche.

Die Patientin kam mit der Dolmetscherin zum vereinbarten Termin. Sie war im Kontakt offener und affektiv schwingungsfähig. Sie erzählte, dass es ihr bessergehe. Sie besuche täglich den Sprachunterricht. Sie gab an, nicht mehr suizidal zu sein. Ihre Schwangerschaft hatte die Jugendliche angenommen, was jedoch nach wie vor von sehr belastenden Gefühlen begleitet war. Antisuizidale Skills seien Ablenkung und dadurch hilfreich.

Der Gedanke an ihre Mutter, die sie geliebt habe, sowie die Erinnerung daran, dass ihr Onkel ihr die Flucht ermöglicht habe, seien auch die Garantie dafür, dass sie sich nichts antun würde.

Ein Beratungstermin beim Pflegekinderwesen des Jugendamtes stehe noch aus, dies war jedoch im zentralen Interesse der Patientin. Sie wollte sich mit den Themen Adoption, Pflegschaft ihres Kindes und Mutter-Kind-Angeboten auseinandersetzen. In einem Telefonat konnte dann ein Termin zeitnah zur Beratung vereinbart werden.

Der Patientin wurde eine ambulante Psychotherapie angeboten. Dazu fand in einem weiteren Termin auch eine Psychoedukation über Therapiemöglichkeiten bei Vorliegen einer Posttraumatischen Belastungsstörung statt, dabei lag aber zunächst der Fokus auf der Stabilisierung der Jugendlichen, auch wegen der Schwangerschaft.

Erste Strategien zur Entspannung und zum affektiven und kognitiven Coping aus dem deutschsprachigen Manual (Goldbeck et al.) der traumafokussierten, kognitiv behavioralen Therapie (TF-CBT) sowie Skills-Elemente aus dem DBT-Programm zur Stärkung der Belastungstoleranz wurden mit der Patientin besprochen.

Auf eine Exposition durch narrative Aufarbeitung oder EMDR wurde angesichts der noch immer akuten Belastungssituation der Patientin verzichtet.

Es wurde vereinbart, dass die Patientin in Ruhe über die mögliche therapeutische Unterstützung nachdenken solle. Sie könne ohne weitere Wartezeit Termine über die Betreuer der Wohngruppe oder über die Dolmetscherin in der KJPP vereinbaren.

Diskussion

Für die Kinder- und Jugendpsychiatrie gestaltete sich die Krisensituation sehr komplex. Einerseits war die klinische Einschätzung von Suizidalität und Abwendung der Eigengefährdung der Jugendlichen notwendig und anderseits war eine mehrdimensionale Auseinandersetzung erforderlich zwischen kinder- und jugendpsychiatrischer Begutachtung und der ethischen Thematik zum Umgang mit dem Thema fortgeschrittene Schwangerschaft und Schwangerschaftsabbruch nach Vergewaltigung und einer komplextraumatisierten Patientin.

Ein Schwangerschaftsabbruch war in diesem Fall von keiner der in Deutschland festgelegten Indikationen abgedeckt. Die Vergewaltigung hätte zwar Anlass zur kriminologischen Indikation geben können, diese hat jedoch folgende Geltungsvorschriften:

Kriminologische Indikation

Wenn ein Strafdelikt Grund für die Schwangerschaft ist, also beispielsweise eine Vergewaltigung oder sexueller Missbrauch, dann ist ein *Schwangerschaftsabbruch nicht rechtswidrig*. Allerdings darf auch dann nur bis zur 14. Schwangerschaftswoche (beziehungsweise bis zur 12. Woche nach der Befruchtung) abgetrieben werden.

Zudem hätte der psychiatrische Ausnahmezustand des komplex traumatisierten Mädchens eine medizinische Indikation rechtfertigen können – mit deutlich längerem Geltungsbereich –, aber auch hier sind Grenzen gesetzt. Der Gesetzgeber schreibt:

Medizinische Indikation

Gibt es eine medizinische Indikation für einen Schwangerschaftsabbruch (BzgA 2009), dann ist die Abtreibung nicht rechtswidrig und unter bestimmten Umständen auch nach der 14. Schwangerschaftswoche möglich. Eine medizinische Indikation für eine Abtreibung liegt vor, wenn Leben, Gesundheit oder Psyche der Schwangeren gefährdet sind *und sich diese Gefahr nicht anders abwenden lässt.*

Ein Sonderfall ist dabei der sogenannte *Spätabbruch* nach der 22. Schwangerschaftswoche. In diesem Fall erfolgt vor der Abtreibung der sogenannte Fetozid, also die gezielte Tötung des Fötus im Mutterleib. Das soll verhindern, dass ein zunächst lebensfähiges, aber schwer geschädigtes Kind die Abtreibung überlebt.

Die Validierung ihrer emotionalen Situation und die nicht wertende, empathische Grundhaltung des Teams und der Therapeutin boten der Patientin eine sichere Basis im Sinne eines Containments, ebenso wie die Möglichkeit, sich per Dolmetscherin zu artikulieren und die ihr wichtigen Aspekte zur Sprache zu bringen. Das Eingehen auf ihre »kulinarischen« Wünsche - um die Nahrungsaufnahme wieder zu ermöglichen – stärkte die Erfahrung von Selbstwirksamkeit und minderte dadurch das traumabedingte Gefühl von Ohnmacht, Hilflosigkeit und Ausgeliefertsein. Selbstwirksamkeitserfahrungen und ein sicherer Ort erschienen als hilfreichste Grundelemente der Intervention.

Insbesondere ist zu betonen, dass ein Spätabbruch an sich auch traumatische Folgen (Adler et al. 1990) haben kann und auch eine Abtreibung nicht mehr zur »Elimination des Traumas« beitragen kann, zudem das Mädchen einen orthodox-katholischen Hintergrund hatte.

Durchaus werden hier auch andere Positionen vertreten, der vorliegende Fall schildert nur einen möglichen Weg. Zudem verdeutlicht er die Komplexität der Probleme, der sich die Kinderpsychiatrie zukünftig wird stellen müssen, angesichts einer großen und immer weiter zunehmenden Zahl minderjähriger Flüchtlinge (Moehler et al. 2015) mit Traumata, die – nach Erreichen einer Grundsicherung – in zunehmendem Maße unsere kinderpsychiatrische Expertise benötigen werden. Witt et al. (2015) betonen einen Mangel an wissenschaftlichen Arbeiten aus Deutschland zum Thema »unbegleitete minderjährige Flüchtlinge«. Angesichts der großen Zahl dieser Kinder und Jugendlichen sollte dieser Herausforderung für unser Fach mit Entschlossenheit begegnet werden.

Teil III – Therapie und Behandlung

11 Therapie und Behandlung

Es gibt aus verschiedenen Therapieschulen gut evaluierte Behandlungsverfahren mit hoher Evidenz und guten Behandlungserfolgen.

Ziele einer aufarbeitenden Psychotraumatherapie sind einerseits, die Symptome der PTBS zu reduzieren, und andererseits, den Betroffenen zu ermöglichen wieder uneingeschränkter am Alltagsleben partizipieren zu können. Komplexität, die Schwere und das Ausmaß der Traumatisierung und der Zugang zum Betroffenen sollten in der Auswahl des Therapieverfahrens einfließen.

Es gibt verschiedene Traumatherapieverfahren zur Behandlung der Posttraumatischen Belastungsstörung, die Interventionen sind von unterschiedlichen Therapieschulen geprägt, etwa: Psychodynamische Ansätze, imaginative und hypnotherapeutische Verfahren (Reddemann 2009), kognitiv-behaviorale Traumatherapie, traumafokussierte-kognitive Verhaltenstherapie (Cohen et al. 2009), NET/KIDNET (Schauer et al. 2011), EMDR – Eye Movement Desensitization and Reprocessing (Shapiro 1999).

Hensel (2017) stellt mit der Stressorbasierten Psychotherapie einen integrativen und methodenübergreifenden Therapieansatz vor. Der Behandlungsansatz beschreibt die Möglichkeiten, ressourcenorientiert und schonend an den Stress- und Traumafolgen zu arbeiten.

Grundsätzlich gilt es, nach erfolgter Diagnostik einen Gesamtbehandlungsplan zu erstellen. Dabei wird nicht nur der Fokus auf das gewählte Setting gelegt, z. B. ambulant, teilstationär oder stationär, sondern auch auf die Ressourcen, das Funktionsniveau und die Schwere der Belastung. Zur Behandlung der PTBS liegen Kriterien in Form von AWMF-Leitlinien (Leitlinien« der Wissenschaftlichen Medizinischen Fachgesellschaften 2017) und Empfehlungen der DeGPT e.V. (Deutschsprachige Gesellschaft für Psychotraumatologie 2017) vor.

11.1 Behandlung und Struktur

Menschen, die extremen, belastenden Ereignissen ausgesetzt waren, sind oft verzweifelt und fühlen sich hilflos, die Situation aufzulösen. Eine 17-jährige Patientin schilderte: «Ich fühle mich so, als ob ich einen tiefen Abgrund heruntergefallen bin und keine Möglichkeit sehe, dort wieder rauszukommen.» Sie malte dieses Bild und beschrieb weiter, sie fühle sich allein gelassen, unverstanden und kraftlos, habe Angst und wisse nicht, was sie tun solle.

Auch die Vorstellung, eine Therapie zu beginnen, bedeutet für viele Menschen zunächst Unsicherheit und Angst, begleitet von der Frage: »Was kommt auf mich zu oder was wird mit mir passieren?« Aus diesem Grunde ist eine Prä-Behandlungsphase mit Anamneseerhebung, Psychoedukation und transparenter Informationen über den Ablauf, Vorgehensweise und Ziele der Therapie unerlässlich.

Ziele der Therapie bestehen in der Reduktion der Traumafolgesymptomatik und Erhöhung der Funktionsfähigkeit und der Lebensqualität. Im Alltag wieder besser zurechtkommen, weniger durch Krankheit und Belastung eingeschränkt zu sein, wieder eigene Ressourcen zu aktivieren oder erstmals finden zu können. Worte dafür zu finden, was als so unerträglich erlebt wurde, ist oft sehr schwierig. Wichtig ist für die betroffenen Personen, mit dem Trauma emotional in Kontakt zu kommen, um so Veränderung zu erarbeiten. Allerdings sollen die Betroffene, gerade auch Kinder und Jugendliche, nicht nur im Rahmen der Therapie im Traumaerleben sein, sondern auch die Möglichkeit erfahren, wie sie Abstand zu den Belastungserlebnissen schaffen können. Dies ist im Verarbeitungsprozess wichtig, um das Belastungsereignis als ein »schlimmes Ereignis«, das aber in der Vergangenheit geschah und abgeschlossen ist, im Gedächtnis abzulegen. Die Erinnerung wird in einen biografischen Kontext eingeordnet und als »Es ist vorbei« der Wahrnehmung zugänglich, wodurch sich auch die körperlichen Symptome entsprechend verändern, z. B. kein Herzrasen mehr, nkein Schwitzen mehr, keine Taubheitsgefühle usw.

Die Behandlungsstruktur einer PTBS lässt sich in drei zentrale Phasen gliedern. Die Dauer der Phasen hängt von dem psychischen, emotionalen und physischen Zustand des betroffenen Patienten ab (Steil und Rosner 2010).

Fachlich zwingend ist die Differentialdiagnostik zum Ausschluss von akuten Störungsbildern wie akute Psychosen, schwere Suchtproblematik und akute Suizidalität. Auch besonders gefährliche Selbstverletzungen, die zur maladaptiven Emotionsregulation und Anspannungsreduktion eingesetzt werden, sollten vor der Traumaexposition von den Klienten nicht mehr durchgeführt werden, dies ist kontraindiziert.

Ein Umgang mit Dissoziationen ist zu thematisieren.

11.1.1 Stabilisierung

In der Stabilisierungsphase ist es wichtig, grundlegende Fertigkeiten und Skills zur Entspannung, Stressregulation und Emotionsregulation zu erarbeiten. Distanzierungstechniken, Strategien zum Umgang mit Krisen und der Wiedererlangung von Verhaltenskontrolle, Umgang mit Dissoziationen, Verbesserung der Selbstwahrnehmung und Strategien der Selbstfürsorge und Ressourcenaktivierung sind als Vorbereitung einer expositionsbasierten Traumabearbeitung zentral. Bei Kindern und Jugendlichen ist es von besonderer Bedeutung, die Eltern oder andere wichtige Bezugspersonen als Unterstützer oder »Caregiver« einzubeziehen.

Einige Beispiele: Distanzierungs- und Stabilisierungstechniken wie z.B. »Bildschirmtechnik«, die 5-4-3-2-1-Methode, Skills zur Stressregulation (Sport, Bewegung,

Kältereize, antidissoziative Skills, Coolpacks etc.) und imaginative Techniken – die Übung zum sicheren Ort, Entspannungstechniken, progressive Muskelrelaxation (PMR), Yoga. Skills sollten möglichst in non-Stressphasen gut eingeübt werden. Hilfestellung bietet der Therapeut und günstigerweise auch die »Caregiver« (Unterstützer, enge und relevante Bezugspersonen). Natürlich müssen die gewählten, persönlichen Skills auch zur Verfügung stehen (Skillsbox, persönliche Skillsliste), damit sie auch während der Traumaexposition als Repertoir jederzeit eingesetzt werden können.

Die psychosoziale Situation ist abzuklären: Wer unterstützt das Kind oder den Jugendlichen während der Traumabearbeitung? Sind Bezugspersonen, Eltern, Betreuer oder Caregiver«, vorhanden? Auch Bezugspersonen sollten zuvor über die Traumabearbeitung psychoedukativ durch den Therapeuten aufgeklärt werden und Informationen über Skills und Unterstützungsmaßnahmen erhalten, da sie eine wichtige Ressource in der Traumabearbeitung sind und ihre Unterstützung zur Resilienzförderung beitragen.

Stabilisierung ist alles, was in schwierigen Situationen Sinn macht und standhält. Stabilität besagt nicht, ob es jemandem gut geht, sondern meint nach Handtke und Görges (2012), das Gestaltungsmöglichkeiten von Aufmerksamkeitslenkung, Körperbezug, Beziehungen, Selbstbild und Sinngebung vorhanden sind. Stabilität hat mit Selbstfürsorge und Resilienz zu tun und bezieht physiologische, emotionale, kognitive, verhaltensorientierte, soziale Bereiche mit ein.

Ein Beispiel: Mohamad war über viele Jahre geflüchtet und hatte viele massive Misshandlungen erlebt. Auf seinem linken Unterarm war eine sehr große und auffällige Schnittwunde. Er spielte in einem Fußallballverein erfolgreich mit und wurde von einer Journalistin interviewt. Nach vielen allgemeinen Fragen zur Flucht und zu seinen aktuellen Erfolgen als Mittelstürmer im Fußballverein wurde er von der Journalistin zu seiner Narbe gefragt. Mohamad hatte zuvor in der Therapie Stabilisierungstechniken gelernt. Die Frage nach der Narbe versetzte ihn zunächst in ein erhöhtes Stress-Arousal, er wurde unruhig, schwitzte und seine Hände zitterten nervös. Es gelang ihm aber, seine Stabilisierungsskills (kurze Auszeit aus der Situation, kaltes Wasser ins Gesicht) in dieser Situation einzusetzen. Nach Skillsanwendung kam er zurück und konnte sich mitteilen, dass er dazu nichts sagen möchte. Ohnmacht und Hilflosigkeit waren durch Selbststeuerung und Skillsanwendung reguliert worden. Hilfreich war für Mohamad, seiner Wahrnehmung der ablaufenden Körperprozesse gewahr zu werden, seiner Selbstwahrnehmung zu vertrauen und aktiv die Interaktion – in diesem Fall mit der Journalistin – zu gestalten.

An dieser Stelle weisen wir auf das Erststabilisierungskonzept START (Dixius, Möhler 2016) (▶ Kap. 12 ff.) hin. Hier werden Stabilisierungsmöglichkeiten im Detail dargestellt und mit innovativen Techniken und einfachen Zugangswegen Kindern und Jugendlichen, die unter mit enormer Stressbelastung und Traumasymptomen leiden, zur Verfügung gestellt.

11.1.2 Traumabearbeitung

Nach ausreichender Stabilisierung kann mit der Traumaexposition begonnen werden. Zuvor sollte eine erneute Abwägung der Exposition und Psychoedukation zum Thema »Trauma« erfolgen. Geeignete Metaphern (Priebe et al. 2014) können helfen, die Themen Trauma und Vermeidung zu erklären. Bekannt ist der metaphorische Vergleich von Traumafolgen mit einer »Wunde«.

Ziel der Traumaexposition ist es, die fragmentierten, traumaassoziierten »Erinnerungsfetzen« (Bilder, Gefühle, Gerüche, Überzeugungen) zu verbinden und zeitlich und biografisch im Gehirn zu archivieren. Dabei wird der Patient angeleitet, traumaassoziierte Erinnerungen und Bilder sich bewusst in Erinnerung zu rufen und so eine »Desensibilisierung« zu erreichen.

> **Kleiner Exkurs: Metapher »Die Wunde«**
>
> Eine offene Wunde, die nicht gesäubert wird, kann sich infizieren. Eine Infektion kann unangenehme Folgen haben. Bleibt die infizierte Wunde unbehandelt, werden die Beschwerden größer und stören und belasten immer mehr. Reinigt man die Wunde, dann kann dies zunächst etwas schmerzhaft sein, auf Dauer jedoch zur Heilung und Beschwerdefreiheit führen. Die Analogie zum Trauma fokussiert auf die Entscheidung, die Vermeidung aufzugeben und sich auf den zunächst schwierigen Schritt der Exposition oder Traumabearbeitung einzulassen. Dies ist zunächst, ähnlich der Wundreinigung, eine unangenehme Vorstellung und wahrscheinlich angstbesetzt, was nachvollziehbar und verständlich ist. Der Ausblick auf dauerhafte Entlastung kann jedoch ermutigen.

Die Intervention der Traumabearbeitung hat Exposition und Konfrontation mit dem traumatischen Erlebnis als zentralen Fokus. In der Exposition wird die nochmalige Konfrontation mit dem Traumaereignis und allen dazugehörenden Gefühlen, Gedanken, Überzeugungen und Wahrnehmungen angestrebt. Expositionsbasierte Interventionen aus der Verhaltenstherapie basieren auf der Annahme, dass durch Exposition eine Habituation bezüglich der traumatisch erlebten Belastungen erreicht wird und dies so erträglicher werden kann. Die Konfrontation ist die Voraussetzung dafür, dass die im Gehirn als fragmentiert abgespeicherten, traumabezogenen Erinnerungsbruchstücke, Bilder, Gefühle oder Überzeugungen in der Integrationsphase der Traumatherapie miteinander verbunden werden können. Das traumatische Geschehnis soll im Prinzip wie ein »alter, vergangener Film« im autobiografischen Gedächtnis seinen Platz finden und quasi archiviert werden kann.

Trotz Therapie wird ein belastendes Ereignis im Leben des Betroffenen seine Bedeutung behalten. Aber in der Integrationsphase wird daran gearbeitet, die traumatischen Ereignisse in den Kontext der eigenen Lebensgeschichte einzuordnen. So wird ein zeitlich und räumlicher autobiografischer Zusammenhang hergestellt. Traumatisierte orientieren sich oft an den Ereignissen der Vergangenheit, was beispielsweise das Selbstbild, Opfer zu sein, mit allen negativen Grundüberzeugungen und Traumasymptomen verbindet. Die autobiografische Einordnung soll nach der Traumabearbeitung dazu beitragen, das Traumaereignis als vergangenes Ereignis betrachten zu können. Die lebensgeschichtliche Betrachtung bezieht dabei aber auch positive Ereignisse ein. Die Aufmerksamkeit auf das gegenwärtige Erleben soll so gefördert werden und die Zukunft neu bzw. ohne die

Einschränkungen der Traumasymptome gestaltet werden, z. B. können Aktivitäten dabei helfen, zukünftige Ziele in den Fokus rücken. Letztlich geht es neben der zeitlichen Einordnung der traumatischen Erlebnisse um die Neuorientierung in der aktuellen Lebenssituation und in der Zukunft. Die Akzeptanz der Vergangenheit und die Auseinandersetzung mit der Gegenwart sind Teil dieser Phase.

Die Phasen der Traumatherapie mit traumatisierten, unbegleiteten minderjährigen Flüchtlingen sind besonders sensibel zu betrachten. So ist die gesamte Situation der Flüchtlinge im Ankunftsland ein zentraler Umbruch, und ein innerer und besonders ein äußerer »sicherer Ort« muss zunächst einmal gefunden werden. Caregiver und familiäre Bezugspersonen fehlen als Begleiter und Unterstützer in der Traumatherapie.

Eine gelungene Integration kann nicht nur bei der Bewältigung vergangener traumatischer Ereignisse helfen, sondern die Identitätsentwicklung positiv beeinflussen.

Im Folgenden sollen exemplarisch Traumatherapieverfahren vorgestellt werden, die auch bereits in der Traumarbeit mit minderjährigen Flüchtlingen zu vielversprechenden Ergebnissen führen können.

Integration

Das Erlebte soll in die persönliche Biografie und Lebensgeschichte eingeordnet werden. In diesem Teil der Psychotraumatherapie geht es um die Akzeptanz des Erlebten als Teil der Vergangenheit und um Selbstfürsorge und Neuorientierung.

11.2 Traumafokussierte-kognitive Verhaltenstherapie (Tf-KVT)

Die Traumafokussierte-kognitive Verhaltenstherapie (Tf-KVT), ein evidenzbasiertes Verfahren mit nachhaltiger Wirksamkeit (Tutus et al. 2017), wurde 2005 von Judith Cohen, Anthony Mannarino und Esther Deblinger in Pittsburgh für die Behandlung von traumatisierten Kindern und Jugendlichen entwickelt, das Therapiemanual von Lutz Goldbeck ins Deutsche übersetzt (Goldbeck 2009).

Psychoedukation, Stabilisierungstechniken, Affektmodulation, kognitive Verarbeitung und Bewältigung sind Bestandteile der Therapie (Kirsch et al. 2011, 2013). TF-KVT basiert dabei auf Expositionsverfahren, deren Kernstück die Durcharbeitung eines Trauma-Narrativs ist. Die Therapie ist auf zwölf Wochen ausgelegt und modular aufgebaut.

Die Tf-KVT bezieht nach Möglichkeit Eltern oder wichtige Bezugspersonen als »Caregiver in den Therapieprozess mit ein.

Ziele der Tf-KVT sind die Reduktion der Traumafolge-Symptomatik, die Integration belastender Ereignisse in die Lebensgeschichte und eine Verbesserung der

Lebensqualität und des allgemeinen Funktionsniveaus. Auch in der Tf-KVT ist für das Erstellen eines Traumanarrativs die zentrale Intervention.

Komponenten der Tf-KVT:

- Psychoedukation und Elternfertigkeiten
- Entspannung
- Ausdruck und Modulation von Affekten
- Kognitive Verarbeitung und Bewältigung
- Trauma-Narrativ
- Kognitive Verarbeitung und Bewältigung II
- In vivo-Bewältigung von traumatischen Erinnerungen
- Gemeinsame Eltern-Kind-Sitzungen
- Förderung künftiger Sicherheit und Entwicklung

Bei den narrativen und expositionsbasierten Verfahren dienen die ersten Sitzungen der Psychoedukation zu den Themen Trauma und Traumafolgestörungen der Vermittlung von Entspannungsverfahren und Stabilisierungstechniken. Weiter kommen Methoden zur kognitiven Umstrukturierung und die Modulation von Affekten zur Anwendung. Kernstück i.S. von Trauma-Exposition ist das sogenannte Trauma-Narrativ, das heißt der Jugendliche bearbeitet die traumatischen Erlebnisse z. B. durch Erzählen, Aufschreiben, Zeichnen der belastenden, traumatischen Erfahrung. Bei Jugendlichen hat sich hierbei das Schreiben auf einem Laptop als hilfreiche Methode herausgestellt. In einem zweiten Schritt werden Details angereichert, was meint, dass traumatische Gedanken und Gefühle in das Narrativ integriert werden. Die Jugendlichen werden dabei desensibilisiert, über das Geschehene zu reden, sogenannte »hot spots« oder »schlimmste Momente« zu identifizieren, bevor sie den Grad der Belastung vor, während und nach den Erlebnissen einschätzten (SUD-Skala: Subjektive Units of Disstress).

Zum Abschluss beschreiben die Jugendlichen, was sich verändert hat und was sie gelernt haben, bzw. was sie anderen Jugendlichen sagen können, die das Gleiche erlebt haben.

Nach Abschluss des Narrativs geht es um das Cognitive Reprocessing, das heißt, die Identifikation, Exploration und Korrektur kognitiver Grundschemata werden überprüft und können korrigiert werden – wie z. B. Selbstbeschuldigungen, Selbstabwertungen, Überschätzung zukünftiger Gefährdung, veränderte Sicht auf die Lebensumwelt.

Die Teilung des Narrativs mit wichtigen Bezugspersonen ist in der Abschlussphase ein weiterer Schritt in der Verarbeitung und Integration des Traumas. Im Sinne der Übernahme elterlicher Verantwortung stellen die Jugendlichen ihren Eltern oder anderen Bezugspersonen im Voraus besprochene und abgestimmte Teile des Narrativs vor.

Für die Arbeit mit minderjährigen Flüchtlingen konnte Tf-KVT bereits eingesetzt und adaptiert werden (Unterhitzer et al. 2015). Etwaige Sprachbarrieren werden durch den Einsatz von Dolmetschern in der Therapie reduziert.

11.3 Narrative Expositionstherapie (NET)

NET – Narrative Exposure Therapie (Schauer et al. 2011) – wurde ursprünglich für die Behandlung von Opfern organisierter Gewalt, multipler Traumatisierungen, Krieg, Folter, sexuellen und physischen Missbrauch und zur Behandlung von Kriegsflüchtlingen entwickelt. NET ist universell und kulturunabhängig anwendbar. Die Wirksamkeit für die Behandlung von Menschen mit Kriegserfahrungen konnte in randomisierten Studien (Neuner et al. 2004) nachgewiesen werden.

NET kombiniert im Wesentlichen zwei Therapieverfahren, die expositionsbasierte kognitive Verhaltenstherapie und die Testimony Therapy (TT). Die TT wurde zur Behandlung von Menschen, die durch die chilenische Militärdiktatur unter Diktator Augusto Pinochet traumatisiert worden waren, entwickelt. Der TT liegt eine detaillierte Erarbeitung und Dokumentation der vollständigen Lebensgeschichte zugrunde. Expositionsbasierte Interventionen aus der Verhaltenstherapie basieren auf der Annahme, dass durch die Exposition des betroffenen Menschen mit den belastenden Erinnerungen eine Gewöhnung (Habituation) eintritt und die Belastungen so erträglicher werden können. Dabei spielt das Gedächtnis mit seinen Funktionen eine bedeutsame Rolle.

Die Interventionen von NET stützen sich auf neurowissenschaftliche Erfahrungen (Ehlers et al. 2006). Grundlegend ist dabei, dass Erlebnisse in zwei verschiedenen Gedächtnissystemen gespeichert werden. Das autobiografische Gedächtnis ist für die Zeitdimension (chronologische Abfolge) und für die räumliche Verortung von Erlebnissen verantwortlich. Im Falle einer Traumatisierung wird angenommen, dass es zu einer fehlerhaften Speicherung der Erlebnisse kommt und nur fragmentierte Ereignisse ohne chronologische Zuordnung abgespeichert werden. Der Hippocampus wird quasi in seiner Arbeit mehr oder weniger blockiert. Die Erlebnisse bleiben in der Traumasituation stecken (Ruf et al. 2008).

Das assoziative Gedächtnis übernimmt das Abspeichern von Sinneswahrnehmungen, Gedanken und Gefühlen. Die Amygdala ist für das assoziative Gedächtnis zuständig. Alle Gefühle und sinnlichen Wahrnehmungen werden enger miteinander verknüpft. Treten jetzt Bedrohungen auf, dann schüttet der Körper vermehrt Stresshormone aus. Stresshormone haben Auswirkungen auf die Amygdala (Schauer et al. 2008), Gefühle und Sinneswahrnehmungen werden verstärkt wahrgenommen und enger miteinander verknüpft. Die Entstehung eines traumabedingten »Furchtnetzwerks« wird initiiert.

Beide Gedächtnissysteme bilden eine Netzwerkstruktur und arbeiten normalerweise vernetzt zusammen. Anders verhält es sich nach Traumatisierung: Das Gehirn kann keine Integration in der autobiografischen Gedächtnisstruktur für den Zeitraum der traumatischen Erfahrung herstellen. Traumaassoziierte Auslöser – Trigger – wie etwa Geräusche, Berührungen, Gefühle, visuelle Reize schaffen es nunmehr, dass die vergangene traumatische Situation mit allen Symptomen, etwa Herzrasen, wiedererlebt und die gegenwärtige Situation als bedrohlich empfunden wird. Das Furchtnetzwerk wird aktiv und interpretiert getriggert von einem Reiz oder Auslöser, dass eine gegenwärtige Bedrohung besteht.

Lara, ein 12-jähriges Mädchen, hatte mitangesehen, wie eine Gruppe älterer Jugendlicher ihren älteren Bruder auf der Straße zusammengeschlagen hatte. Einer der Täter trug dabei eine rote Trainingsjacke. Einige Monate später fuhr Lara mit der Straßenbahn in die Stadt, als an einer Haltestelle ein ihr unbekannter Mann einstieg, der ebenfalls eine rote Jacke trug. Es bestand keinerlei gegenwärtige Bedrohung durch den Mann. Aber die optischen Signale durch die rote Jacke versetzten Lara in einen Ausnahmezustand, ihr Furchtnetzwerk wurde aktiviert. Sie verließ die Straßenbahn voller Panik an der nächsten Haltestelle.

Das Ziel von NET ist die autobiografische Einordnung der traumatisierenden Ereignisse in die Gedächtnisstruktur, um so vergangene und gegenwärtige Erfahrungen richtig zu zuordnen. NET ist als Kurzzeit-Therapie konzipiert und wurde auch in Flüchtlingslagern oder nach einer Naturkatastrophe angewendet.

KIDNET wurde für traumatisierte Kinder adaptiert. Hauptmerkmal bilden andere Formen des narrativen Darstellens. Neben dem Erzählen können Eindrücke auch durch Spielen, Nachspielen und Malen der traumatischen Erlebnisse die narrative Auseinandersetzung mit dem Trauma fördern.

KIDNET wird in acht Sitzungen durchgeführt. Nach der Psychoedukation zur expositionsbasierten Therapie werden die Kinder und Jugendlichen zum Legen einer metaphorischen »Lifetime-Linie« gebeten. Ein Seil oder Faden bildet dabei symbolisch die Lebenslinie, »flowers & stones« werden als Symbole für Lebensereignisse eingesetzt. »Flowers«« stehen für positive Lebensereignisse und »stones« werden für belastentende Ereignisse in den Sitzungen gelegt.

Die Lebensgeschichte stellt den Rahmen für die Narration. Das Durchprozessieren der »hotspots« (belastende Ereignisse) durch wiederholtes Vorlesen oder Durchsprechen der Narration im Sinne von Exposition und ergänzendes Einfügen von Details fördert den Habituationsprozess. Die narrativ erarbeitete Lifeline wirkt am Ende als Gesamtnarration und dient als Grundlage der Integration (▶ Kap. 9.1). »Zukunftsblumen« liegen für Hoffnungen und Wünsche, als letzter Schritt erfolgt die Übergabe der Narration.

11.4 Eye Movement Desensitization and Reprocessing (EMDR)

Eye Movement Desensitization and Reprocessing (EMDR) wurde 1987 von Francine Shapiro als traumazentrierte Psychotherapie entwickelt. Eine zufällige Entdeckung von Shapiro wurde die Grundlage der Therapieentwicklung. Shapiro selbst hatte ein Krebsleiden und machte bei einem Spaziergang in einem Park die Erfahrung, dass rhythmisches Hin- und Herblicken nach links und rechts einen Verarbeitungsprozess von belastenden Gefühlen förderte. Das Erleben der Belastungen ging nachhaltig zurück. Shapiro entwickelte mit EMDR ein standardisiertes Traumatherapieverfahren.

Seit 2014 wird EMDR vom Bundesausschuss der Ärzte und Krankenkassen (GBA) als Methode zur Behandlung der PTBS bei Erwachsenen anerkannt und ist nach Analyse aller relevanten wissenschaftlichen Studien eine effektive Behandlungsmethode bei PTBS und anderen psychischen Belastungen (Shapiro 2014, Schulz et al. 2015). Darüber hinaus ist es auch für die Behandlung weiterer Störungsbilder wirksam (Hase et al. 2013). EMDR wurde mittlerweile als EMDR-Gruppenprotokoll – Group Traumatic Episode Protocol (G-TEP) – nach Elan Shapiro entwickelt, um der Versorgung von traumatisierten Flüchtlingen und den begrenzt zur Verfügung stehenden therapeutischen Ressourcen Rechnung zu tragen. Die Gruppenintervention kann bei Kindern, Jugendlichen und Erwachsenen eingesetzt werden.

Es existieren erste Studien, in denen G-TEP in der Arbeit mit Flüchtlingen eingesetzt wurde (Yurtsever et al. 2014, Lehnung et al. 2016; 2017).

Zentrales Element der EMDR-Therapie sind die geleiteten Augenbewegungen – auch bilaterale Stimulation genannt: Der Patient folgt den Handbewegungen der Therapeutin mit seinen Augen. Die Handbewegungen wechseln von rechts nach links und zurück. Die geleiteten Handbewegungen werden auf Augenhöhe durchgeführt. Die Augenbewegungen bei der bilateralen Stimulation sind ähnlich den Augenbewegungen im REM-Schlaf (REM = Rapid Eye Movement). In dieser Schlafphase erfolgen autonome, schnelle, unkontrollierbare, sogenannte sakkadische Augenbewegungen. Es wird angenommen, dass in dieser Schlafphase die Geschehnisse des Tages verarbeitet werden.

Alternativ zu den Augenbewegungen können auch taktile Stimuli (»Tapping« auf die Handrücken oder auf die Knie des Patienten) oder auditive bilaterale Stimuli eingesetzt werden, um den Informationsverarbeitungsprozess im Gehirn zu aktivieren.

Die Wirkweise von EMDR konnte bislang nicht genau geklärt werden. Shapiro (2013) geht von einer Kombination mehrerer Mechanismen aus. Besondere Wirkung schreibt Shapiro (2013) dem Modell der adaptiven Informationsverarbeitung zu (AIP: »Adaptive Information Processing Model«). Die Annahme ist, dass das Gehirn Erfahrungen und Erlebnisse selbstregulierend und adaptiv einordnen kann.

Sind aber die Erlebnisse und Wahrnehmungen durch traumatische Erlebnisse fragmentiert und nicht integriert abgelegt, so ist dieser autonome Verarbeitungsprozess gestört und Gedanken, Gefühle, Erinnerungen können nicht adaptiv bewältigt werden. Traumata führen zu »steckengebliebenen« und unabgeschlossenen Symbolisierungsprozessen, die wiederum chronischen und traumatischen Stress zur Folge haben. Durch Auf- oder Nachbereitung mittels EMDR soll eine Integration dieser Informationen stattfinden und durch die bilaterale Stimulation soll eine beschleunigte Informationsverarbeitung im Gehirn zur Stressentlastung führen.

Das Besondere an EMDR ist, dass der Patient nicht alle traumabezogenen Inhalte erzählen muss, sondern dass diese während des Prozessierens imaginativ erfahrbar werden. Viele Patienten empfinden dies gerade deswegen als angenehmer und entlastender im Vergleich zu anderen Verfahren. In der Reprozessierung werden vergangene traumatisierende Erfahrungen und Trigger, die das gegenwärtige Problemverhalten auslösen, fokussiert. Außerdem wird ein auf die Zukunft gerichtetes positives Verhaltensmodell erarbeitet und unter bilateraler Stimulierung verankert.

EMDR ist eine klar strukturierte Methode, was sie für viele Patienten einfacher und greifbarer macht. Die Gesamtdauer der EMDR-Behandlung variiert je nach Komplexität der Störung.

EMDR wird in acht Phasen des Standardprotokolls (Shapiro 1999, 2013; Schubbe 2004) durchgeführt. Jede Phase behandelt andere Aspekte des Traumaereignisses, so dass der Gesamtprozess zu einer Steigerung des Vertrauens in eigene Fähigkeiten steigert (Shapiro 1999).

- **Phase 1: Behandlungsplanung**
  Diagnostik, Anamnese, Psychoedukation und Behandlungsplanung finden statt.
- **Phase 2: Innere und äußere Stabilisierung**
  Die Stabilisierung entspricht den allgemeinen Prinzipien der Psychotraumatherapie wie Distanzierungstechniken, Entspannungsverfahren, »sicherer Ort« und weitere Stabilisierungstechniken.
- **Phase 3: Bewertung**
  In der Bewertungsphase werden die aktuelle Belastung und die Symptome erfasst und das zu behandelnde Ziel gewählt. Dazu wählt der Patient ein Bild aus, das die belastende Erinnerung am besten repräsentiert (Shapiro 2019). Dann wird das Bild mit einem »negativen« Gedanken/ einer »negativen« Kognition verbunden. Die Stärke der aktuellen Belastung wird auf einer Skala (SUD– Subjective Units of Distress) von 0–10 erfasst.
- **Phase 4: Verarbeitung und Desensibilisierung**
  Diese Phase ist die Kernphase der Neuverarbeitung der relevanten aktuellen Belastung. Dabei wird der Patient gebeten, sich die belastende Situation vorzustellen und die Bearbeitung beginnt. Der Patient wird gebeten, sich auf die bilaterale Simulation durch Augenbewegungen einzulassen. Die bilaterale Stimulierung soll den Verarbeitungsprozess unterstützen. Ziel ist eine Reduzierung der Belastung, um quasi eine Desensibilisierung zu erreichen. Die Bearbeitung verläuft in mehreren aufeinanderfolgenden Sequenzen. Auch können zusätzliche Interventionsstrategien eingesetzt werden. Während dieser Phase ist der Patient meistens emotional stark beteiligt, z. B. in Form von weinen, schnellerer Atmung, Körperreaktionen.
- **Phase 5 Verankerung**
  Mittels der SUD-Skala wird immer wieder eine aktuelle Belastungseinschätzung (während des Prozessierens) erfragt. Ziel ist, die Belastung durch die Bearbeitung auf einen Skalenwert von 0 oder 1 zu bringen.
  Diese Phase setzt ein, wenn nach der vorausgegangenen Bearbeitung die Anspannung gesunken und Entlastung erreicht ist. Der Patient wird gebeten, sich eine positive Kognition («Ich kann jetzt damit zurechtkommen« oder »Es ist vorbei«) zu überlegen, die er anstelle der ursprünglichen negativen Kognition setzen möchte. Die positive Kognition wird wieder mittels Augenbewegungen bearbeitet und verankert. Anhand der VoC-Skala (Validation of Cognition) wird

er gebeten, die Stimmigkeit der Kognition auf einer Skala von 1-7 einzuschätzen. Die Verankerung der positiven Kognition ist ein bedeutsamer Anteil der Behandlung.
Ziel ist es, die traumatische Erfahrung zu verarbeiten und zu integrieren und Raum für positive Gedanken mit einem angemessenen Affekt zu schaffen.

- Phase 6: »Körpertest«
  Der Patient wird gebeten, noch einmal die Aufmerksamkeit auf seinen gesamten Körper zu richten und zu überprüfen, ob noch eine »Unruhe«/ein vegetatives Arousal oder Auswirkungen der Erinnerungen an das belastende Ereignis zu spüren sind. Falls ja, wird damit weitergearbeitet, ansonsten wird die Abschlussphase eingeleitet.
- Phase 7 Abschlussbesprechung
  Diese Besprechung beinhaltet die erneute Bewertung der belastenden Erinnerung nach der EMDR-Bearbeitung.
  Die Behandlungsabschlussphase dient der Vermittlung von weiteren stützenden Techniken und Fertigkeiten und Hilfen bei akuten Belastungssymptomen.
- Phase 8 Nachüberprüfung
  Die Nachüberprüfung der Behandlungsergebnisse und der Neubewertung wird dazu genutzt, nochmals die bearbeitete Erinnerung zu bewerten. Meistens erfolgt diese Phase in der nächsten Therapiesitzung und beinhaltet auch die Überprüfung, ob noch weitere belastende Ereignisse zu bearbeiten sind oder die Behandlung abgeschlossen ist.

Für die Behandlung von Kindern und Jugendlichen wurde EMDR adaptiert (Greenwald 2002, Hensel 2007). Da bei kleineren Kindern die kognitiven Prozesse noch nicht so ausgeprägt sind, werden Traumainhalte z. B. mittels Bilder (»Geschichtenerzählmethode«) bearbeitet (Lovett 2014, Hensel 2007, 2017, Hiller et al. 2017). Die Hauptfiguren und Akteure in den altersangemessenen Geschichten bieten sich dabei als Identifikationsfiguren an. Diese Methode wird als weniger belastend angesehen, da Gefühle, die mit dem Trauma assoziiert sind, auf diese Weise moderater aktiviert werden können (Hensel 2007, Hiller et al. 2017). Während die Geschichten erzählt werden, erfolgt die bilaterale Stimulierung beim Kind. Neben den Geschichten bietet sich auch die Spielsituation an, um die traumatische Situation zu bearbeiten. Das Narrativ wird dabei in drei Phasen geteilt, die prätraumatische Phase mit positiven Bindungserfahrungen und allen zugänglichen Ressourcen. Die mittlere Phase beinhaltet die Aktivierung von traumatischen Erinnerungen (Wahrnehmung, Gefühle, Gedanken, Körperempfindungen). Die Abschlussphase integriert und verknüpft neue Erfahrungen, positive Überzeugungen, Handlungsstrategien, Lösungsmöglichkeiten und positive Gefühle wie Sicherheit und Geborgenheit. Bei Jugendlichen schlägt Hensel (2017) vor, zunächst eine aktuelle Problemsituation zu prozessieren, die als nicht so belastend empfunden wird und erst dann die Traumata zu prozessieren.

11.5 Dialektisch Behaviorale Therapie (DBT) und die Behandlung der Posttraumatischen Belastungsstörung (PTBS)

Unter Einbezug von Interventionen aus der DBT und Traumtherapie wurde in den letzten Jahren ein neuer Behandlungsansatz für Erwachsene mit Emotionsregulationsstörungen und einer PTBS entwickelt (Steil et al. 2011, Cloitre et al. 2014, Bohus et al. 2013). DBT-PTSD ist ein strukturiertes Therapiekonzept auf der Grundlage von Akzeptanz und Veränderung, Interventionen aus der DBT und traumafokussierten, expositionsbasierten, kognitiven Therapie. Die Behandlung ist an einer »dynamischen Behandlungshierarchie« ausgerichtet und folgt einem klaren Algorithmus, danach orientiert sich die Reihenfolge der zu behandelnden problematischen Störungsbereiche und Verhaltensweisen. Zentral wird die zeitnahe Expositionsbehandlung angestrebt.

Bevor die Behandlung beginnt, erfolgt Diagnostik, Informationsvermittlung und ein Non-Suizid-Commitment.

Die DBT-PTSD-Intervention wird in fünf Behandlungsphasen durchgeführt und hier kurz skizziert (weiterführende Infos siehe Steil et al. 2015):

- **Commitmentphase**
  Angaben zur Biografie, zum sozialem Umfeld, zu therapeutischen Vorerfahrungen, zum aktuellen krisengenerierenden Verhalten. Individuelle Ziele und Erfahrungen, Achtsamkeit wird eingeführt
- **Planung und Motivation**
  Trauma exploriert, Psychoedukation »Trauma-Modell«, Aufgreifen von Befürchtungen, Akzeptanz und Veränderung des Umgangs mit den Traumfolgen (»alter/neuer Weg«), Skillstraining, Bearbeitung von traumabezogenen Escape-Strategien
- **Exposition**
  Vor der Exposition dient das Diskriminationstraining zur Unterscheidung von Vergangenheit und Gegenwart, um Unterschiede zwischen traumabezogenen Auslösern wahrnehmen zu lernen. Die Exposition wird als gestufte Exposition und Skills-assistiert durchgeführt in Bezug auf die aktuell am stärksten belastenden Erinnerungen an das sogenannte Indexereignis. Die Erinnerungen werden von dem Patienten in der Vergangenheitsform berichtet und schriftlich oder per audio aufgezeichnet. Der Traumabericht wird in der Therapiesitzung vorgelesen. Step by step wird das Traumaereignis in sensu bearbeitet. Zwischen den Therapiephasen wird die Traumaexposition fortgesetzt. Die Patienten werden gebeten, sich die Tonaufzeichnungen zu den Traumaerinnerungen täglich anzuhören.
- **Entfaltung des Lebens**
  Die Akzeptanz des Erlebten und die Verbesserung der Lebensqualität stehen in dieser Phase im Fokus der Behandlung. Themen relevanter Lebensbereiche wie Selbstwert, berufliche Situation, Partnerschaft und Sexualität und soziale Inte-

gration oder das persönliche »soziale Netz« werden aufgegriffen. Auch das Verfassen eines wohlwollenden Briefs des Patienten an sich selbst ist Teil des Moduls.

Bohus beschreibt, dass bereits vorliegende Studienergebnisse einer großen Multicenterstudie vielversprechend sind und die Veröffentlichung in Vorbereitung ist (Newsletter des DDBT e. V.).

Teil IV – START

12 START – Ein Konzept für stark belastete Kinder und Jugendliche[6]

Das START-Konzept (START – Stress-Traumasymptoms-Arousal-Regulation-Treatment) wurde von Andrea Dixius in Zusammenarbeit mit Prof. Dr. med. Eva Möhler zur Erststabilisierung für Kinder und Jugendliche mit starker emotionaler Belastung und hohem oder traumatischem Stresserleben entwickelt. START unterstützt Kindern und Jugendliche mit unterschiedlichen kulturellen Hintergründen, Krisen zu überwinden und Stress und Gefühle zu regulieren. Das Konzept ist resilienzfördernd und unterstützt die Integration von Kindern und Jugendlichen in sozialen Kontexte.

Mittlerweile wird das niedrigschwellige Interventionsprogramm in vielen psychosozialen Einrichtungen wie Jugendhilfeeinrichtungen, Schulen, Beratungsstellen, psychotherapeutischen Praxen und Kliniken national und international eingesetzt, und Netzwerke bilden sich aus. Bereits 2017 erhielt START den Innovationspreis auf dem Netzwerktreffen des Dachverbandes DBT e.V. Eine Pilotstudie (▶ Kap. 15) zeigt positive Auswirkungen der Intervention auf.

12.1 Hintergrund des Konzepts

START wurde ursprünglich mit der Idee entwickelt, minderjährigen Kindern und Jugendlichen nach (un-)begleiteter Flucht, die durch starke psychische Belastungen beeinträchtigt waren, eine rasch wirksame und stabilisierende Hilfe anzubieten. Bereits in der Entwicklungsphase wurde das Konzept von den Autorinnen auf Kinder und Jugendliche auch ohne Migrationshintergrund erweitert. Das niedrigschwellige Hilfsangebot eröffnet einen einfachen Zugang und hat eine hohe Akzeptanz bei den Jugendlichen.

Ein Rückblick: In der Clearingeinrichtung (SHG Clearinghaus, Saarland) wurden seit 2015 minderjährige Flüchtlinge mit ausgeprägten psychischen und körperlichen Beeinträchtigungen aufgenommen. Viele der beschriebenen Symptome schienen im traumaassoziierten Kontext zu stehen. Auch in der klinischen Versorgung in den SHG-Kliniken für Kinder- und Jugendpsychiatrie, Psychotherapie und Psychosomatik Kleinblittersdorf (Saarland) und Idar-Oberstein (Rheinland-Pfalz) beschrieben und zeigten die geflüchteten Kinder und Jugendlichen gravierende somatische

---

6 Nach Dixius und Möhler (2016).

und psychische Belastungen und Symptome. Ängste, Depressionen Dissoziationen, Schlafstörungen, Albträume, selbstverletzendes Verhalten und suizidale Krisen sind nur einige der Beeinträchtigungen, die zu »dysfunktionalen« Regulationsprozessen wie z. B. selbstverletzendem Verhalten führen können.

Die Flucht aus dem Heimatland erfolgte meistens aufgrund von existentiellen Bedrohungen. Besonders die unbegleiteten minderjährigen Kinder und Jugendlichen leiden unter den Fluchterfahrungen und sorgen sich, um die Sicherheit von Familienmitgliedern und anderen wichtigen und geliebten Personen im Herkunftsland. Heimweh und Trennungsschmerz wirken neben der stetigen Unsicherheit über ihre Zukunft im Ankunftsland belastend. Die Tatsache, sich in der Rolle des »Flüchtlings« zu finden, ist neben der Veränderung des sozialen Status und dem Gefühl des »Fremdseins« eine Herausforderung für die Jugendlichen. Dies hat Auswirkungen auf die Identitätsentwicklung, welche gerade in der Adoleszenz eine zentrale Entwicklungsaufgabe ist. Prä-, peri- und posttraumatische Stressoren wie Lebensgefahr, Ressourcenverluste, mangelnde soziale Unterstützung und weitere belastende Lebensereignisse sowie psychische Morbidität begünstigen die Entwicklung chronischer psychischer Erkrankungen.

Viele der geflüchteten Kinder und Jugendlichen haben Angst, die Kontrolle über ihre aktuelle Lebenssituation zu verlieren und stehen einer Psychotherapie oder der Behandlung in Kliniken für Kinder- und Jugendpsychiatrie misstrauisch gegenüber. Vor dem Hintergrund erlebter Traumata (besonders »man-made disasters«) ist das auch nachvollziehbar. Psychiatrie wird oft als Stigma empfunden und widerspricht damit identitätsstiftenden Werten der Jugendlichen, die bereits auf ihrer Flucht so viel bewältigt haben, und löst zudem bei vielen das Gefühl der Scham aus. Mit dem Ziel, Jugendlichen eine erste Hilfe zur emotionalen Stabilisierung bei starkem Stresserleben anzubieten, schien die Entwicklung von neuen und kurzen, rasch wirksamen Interventionskonzepten mit niedrigschwelligem Zugang notwendig. Dabei ist die Reduzierung von sich aufschaukelnden »Arousal-Schleifen« und akuten psychischen Krisen ein zentraler Fokus. Aus scheinbar einfachen zwischenmenschlichen Konflikten, verbunden mit einer hohen Grundanspannung durch chronischen Stress, entstehen schwere emotionale Krisen, die es den Betroffenen erschweren, ihren Lebensalltag zu bewältigen. Nicht selten wird dann die Akutbehandlung z. B. aufgrund einer suizidalen Krise in der Kinder- und Jugendpsychiatrie notwendig.

12.2 Der zweite Schritt der Konzeptualisierung

Die Erweiterung des START-Konzepts auf Kinder und Jugendliche auch ohne Migrationshintergrund hat sich den Autorinnen aus dem klinischen Alltag in der Kinder- und Jugendpsychiatrie erschlossen. Viele Jugendliche, die in ihrer Entwicklung belastenden Ereignissen oder Vernachlässigungen und Misshandlungen ausgesetzt waren, erleben häufig und gerade im Jugendalter schwere emotionale Krisen. Diese Jugendliche können sich nicht für eine längere oder aufarbeitende Psychotherapie entscheiden. Vielmehr setzen sie häufig maladaptive Strategien zur Bewältigung ihrer Probleme ein. Selbstverletzungen, Suizidversuche, Alkohol-, Substanzabusus, impulsdurchbrechendes Verhalten und sozialer Rückzug sind maladaptive Regulationsversuche, um emotionale Anspannung und Stress kurzfristig zu mindern. Dies hat wiederum Auswirkungen auf das Funktionsniveau und führt zu Beeinträchtigungen in Schule, Ausbildung, Wohngruppe oder auch in der Peer-Group. Frühe Interventionen zur Stabilisierung unterstützen Jugendliche in ihrer emotionalen Not, Krisen überstehen zu können und ihre Selbstregulationsmöglichkeiten wiederzuerlangen, und verringern das Risiko, psychische Folgeerkrankungen nach traumatischen Ereignissen zu entwickeln (Krüsmann und Müller-Cyran 2005).

12.3 START in Einrichtungen der Jugendhilfe, Schulen, Beratungsstellen

In Wohngruppen und in Schulen führen dysfunktionale Verhaltensweisen impulsives Verhalten, selbstverletzendes Verhalten und sozialer Rückzug zur Überforderung und oft zum Ausschluss vom Schulunterricht oder zu Entlassungen aus Wohngruppen.

START kann vor Ort implementiert werden um präventiv und resilienzfördernd für Jugendliche in schwierigen Lebenssituationen eingesetzt werden.

Der Ablauf des Programms kann natürlich auf die Strukturen der Einrichtungen angepasst werden. Die Handlungssicherheit der Mitarbeiter kann im Umgang mit Jugendlichen mit dysfunktionalen Verhaltensweisen stärken. Ein Trainingsprogramm für Lehrer, Schoolworker, Schulpsychologen und Mitarbeiter von Jugendhilfeeinrichtungen ist vorhanden und kann unter *www.startyourway.de* angefragt werden.

Für die Anwendung des Programms in Schulen sind zwei Überlegungen zum Setting bislang erprobt. Einerseits kann START in den Unterricht integriert werden und andererseits kann eine Gruppe als zusätzliches Angebot in unterstützendem Betreuungsbereich (z. B. Nachmittagsbetreuung) durch Lehrer, Schulpsychologen oder Schoolworker angeboten werden. Die Bereitstellung von Informationen soll belastete Jugendliche und Interessierte erreichen. Erste Erfahrungen und eine positive Resonanz von Schulen liegen bereits vor. Die Intervention hat eine gute Akzeptanz bei Jugendlichen und konnte in den schulischen Alltag integriert werden.

12.4 Grundlagen des START-Konzepts

Das niedrigschwellige und kulturintegrative Stabilisierungskonzept validiert Kinder und Jugendliche mit starkem Stresserleben, Traumafolgen und schweren emotionalen Belastungen.

START setzt sich aus fünf Modulen zusammen und wird bevorzugt im Gruppensetting (Durchführung auch im Einzelsetting möglich) angewendet. Fertigkeiten zur Achtsamkeit, Stress- und Emotionsregulation und die Förderung von Selbstwirksamkeit und Selbstfürsorge werden in den Gruppensessions geübt. START ist explizit kein expositionsbasiertes Programm, sondern hat als primäre Zielsetzung die Stabilisierung durch Regulierung von Stress, heftigen emotional-instabilen Zuständen und krisengenerierenden Verhaltensweisen.

Das START-Manual integriert einerseits Erkenntnisse aus anerkannten und evidenzbasierten Therapieverfahren und berücksichtigt andererseits klinische Erfahrungen und Praxisbezüge. Während der Entwicklungsphase wurden Rückmeldungen von Jugendlichen zur Akzeptanz und Wirksamkeit der Übungen berücksichtigt.

Besondere Highlights des Konzepts bestehen in der einfachen Anwendbarkeit und der leichten und unkomplizierten Integration in den Alltag der Jugendlichen (z. B. einfache Skills für unterwegs wie Musik, Chilis, Übungen zur Ablenkung usw.). Im Gruppenkontext wird durch eine gezielte Auswahl von Übungen (z. B. aktive, spielerische Achtsamkeitsübungen) ein positives, validierendes Klima gefördert, was sozialen Support und das miteinander Üben unterstützt.

Zum kulturintegrativen Einsatz in therapeutischen und auch pädagogischen Gruppen wurden alle Info-/Übungsblätter in Deutsch, Italienisch, Arabisch, Dari und Englisch verfasst und zusätzlich als Audioversionen aufgenommen. Die Übungen sind mit hilfreichem und umfangreichem Bildmaterial ausgestattet.

START adaptiert und integriert Aspekte aus der Dialektisch Behavioralen Therapie (Linehan 2015, Rathus und Miller 2015, Bohus und Wolf 2011, von Auer und Bohus 2017), der Traumafokussierten-kognitiven Verhaltenstherapie (Cohen, Mannarino, Deblinger 2006), EMDR (Shapiro 1999) sowie Hilfen im Umgang mit Albträumen angelehnt an das Konzept der Albtraumtherapie nach Thünker und Pietrowsky (2010).

Zu den wichtigsten Basics zählt die akzeptierende und validierende Grundhaltung in START. Validieren bedeutet, dem Gegenüber zu vermitteln, seine eigene subjektive Sichtweise der Dinge, seine Gefühle, seine Gedanken und sein Verhalten nachvollziehen zu können (vgl. Lineham 1996). Validieren fördert einen vertrauensvollen Umgang miteinander. Validieren ist eine Akzeptanzstrategie und schafft die notwendige Sicherheit, um Veränderungen zu zulassen, neue Erfahrungen zu erproben und unterstützt Integrationsprozesse auf einfachem Weg.

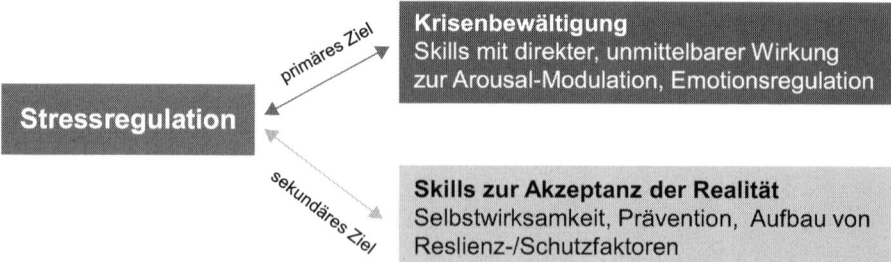

Abb. 12.1a: Stressregulation

Zentrales Ziel

Die primäre Zielsetzung ist die Bewältigung von Krisen durch Stressregulation und Emotionsregulierung. Die Förderung von Schutzfaktoren, eigenen Ressourcen und Selbstfürsorge wirkt präventiv und resilienzfördernd (▶ Abb. 12.1a).

START-Basisziele – Stabilisierung und Resilienz

Die START-Basisziele orientieren sich einerseits an Stabilisierungstechniken und anderseits an der Förderung von Schutzfaktoren. Stabilität kann hier im Sinne von Einflussnahme und Möglichkeiten der Aufmerksamkeitslenkung, Ressourcenaktivierung, Selbstfürsorge, Selbstwirksamkeit, Regulationsmöglichen von Emotionen und Stress verstanden werden. Fehlende Stabilität kann im Gegensatz dazu zu sich wiederholenden Krisensituationen führen und die Lebensqualität deutlich beeinträchtigen. Die klinische Erfahrung zeigt, dass dies nicht selten Beziehungsabbrüche in Betreuungssituationen wie Pflegefamilie, Wohngruppen, Abbruch von Schulsituation und anderen psychosozialen Kontexten zur Folge hat. Dabei werden insbesondere Fertigkeiten zur Stressregulation und Krisenbewältigung geübt. Balance finden – zwischen eigenen Bedürfnissen und dem sozialen Miteinander – ist ein dynamischer Prozess in der Gruppe und fördert zwischenmenschliche Kompetenzen, Integrationserfahrungen und sozialen Support. Die eingesetzten Techniken beziehen schnell wirksame Skills zum Stressabbau, zur Achtsamkeitslenkung und zur Emotionsregulation mit ein (▶ Abb. 12.1b). Die Wahrnehmung von Selbstfürsorgemöglichkeiten (»Ich kann etwas für mich tun, ich kann etwas bewirken«) kann helfen, das Gefühl der Hilflosigkeit »step by step« abzubauen und die Wahrnehmung von positiven Erlebnissen zu schärfen.

Resilienzförderung spielt dabei eine wichtige Rolle, sie basiert auf persönlichen und sozial vermittelten Ressourcen, die dabei helfen, Krisen zu überwinden (Welter-Enderlin und Hildenbrand 2006, Horn et. al. 2016). Die Verfügbarkeit von Ressourcen (z. B. eigene Fähigkeiten, Bezugspersonen, sichereres Lebensumfeld etc.) ist dabei wesentlich. Gelingt es Krisen zu überstehen, so können sich daraus wiederum Resilienzen durch den erfolgreichen Umgang mit Belastungen und schwierigen Lebenssituationen entwickeln (Wustmann 2004). Deshalb ist auch für den Stabilisierungsprozess die Aktivierung von Stärken und Schutzfaktoren von großer Bedeutung.

START – Basis-Ziele

- Krisen überstehen
- Rückerlangung von Verhaltenskontrolle u. Impulssteuerung
- Stressregulation/Emotionsregulation
- Selbstwirksamkeitserfahrung/Selbstregulation
- positive Erfahrungen schaffen
- Förderung von Schutzfaktoren
- Prävention

- Abbau von Fremd-/Eigenschädigung
- Verringern von maladaptiven Verhaltensstrategien
- Reduzierung „Arousalschleifen"/Krisen
- Vermeidung von „Drehtüreffekten" in der KJPP

Abb. 12.1b: Skills-Funktionen in START und Basis-Ziele

13 Was sind Skills?

Jeder Mensch nutzt intuitiv regelmäßig Skills. Einfach erklärt, sind Skills Fertigkeiten, die kurzfristig und langfristig helfen können. Skills können z. B. Atementspannungstechniken und Übungen zur Progressiven Muskelrelaxation (PMR) sein, positive Gedanken, beruhigende Vorstellungen, sensorische Reize zum Ablenken oder auch Wohlfühlen, Sport, Tanzen, Bewegung, Singen, Musik hören, Ablenkungsübungen bei Hyperarousal, Übungen zum Wahrnehmen von Gefühlen, antidissoziative Übungen, Übungen zur »Akzeptanz der Realität«.

Skills werden von Linehan (1996b) als kognitive, emotionale und handlungsbezogene Reaktionen definiert, die kurz- und langfristig positive Ergebnisse fördern und negative reduzieren.

In START ist der bewusste Einsatz von Skills als Alternativfertigkeiten zu verstehen, welche anstelle von dysfunktionalen Verhaltensweisen wie z. B. Selbstverletzungen, impulsdurchbrechenden Verhaltensweisen treten können und in nonstress-Phasen geübt werden sollen.

Die Vermittlung von Skills findet im kulturintegrativem Gruppensetting statt. Skills werden gemeinsam in der Gruppe ausprobiert. Spaß und bisweilen spielerischer Umgang unterstreichen die positive ressourcenaktivierende Grundhaltung und erhöhen die Akzeptanz von neuen Erfahrungen und Skills.

In den START-Modulen werden vorwiegend Skills zur Stressregulation und Achtsamkeit sowie zur Entspannung und Selbstberuhigung, Compassion, Wahrnehmung von Emotionen und Förderung der Selbstwirksamkeit vermittelt.

13.1 Achtsamkeit

Das Konzept der Achtsamkeit ist eine besondere Form der Aufmerksamkeit, die sich von alltäglichen, automatisch ablaufenden Wahrnehmungsprozessen unterscheidet, weil sie absichtsvoll, nicht wertend und auf das bewusste Erleben des aktuellen Augenblicks gerichtet ist. Achtsamkeit soll die Wahrnehmung verbessern, um sich besser spüren zu können und um Vertrauen in die eigene Wahrnehmung zu entwickeln. Achtsamkeit trägt zu mehr Bewusstheit im Alltag bei und erhöht die Regulations- und Steuerungsmöglichkeiten, um aktivierte Gefühle und Gedanken zu erkennen und im weiteren Schritt frühzeitig ausgleichend reagieren zu können. Achtsamkeit hilft, positive Gefühle und Situationen im Alltag zu erspüren und unterstützt damit Ressourcenaktivierung, Resilienz und Selbstregulation. Achtsamkeitsübungen sind bei zahlreichen psychischen und körperlichen Beschwerden hilfreich. Auch spielerische Übungen mit Konzentration auf Wahrnehmung und die aktive Teilnahme an den Übungen fördern die Achtsamkeit.

Regelmäßige Achtsamkeitsübungen führen auch langfristig zu positiven Veränderungen in der Neuroplastizität im Gehirn. Der präfrontale Cortex wir durch Achtsamkeitsübungen aktiv (dies zeigen auch Untersuchungen im MRT – Magnetresonanztherapie), dies hat Einfluss auf die Emotionsregulation (Geisler und Muttenheimer 2016).

13.2 Stressregulation

Die Übungen zur Stressregulation zielen darauf ab, mit Hilfe von Skills oder Fertigkeiten, selbstwirksam Hochstressphasen oder leidvolle Situationen abzuschwächen und zu überstehen. Diese Fertigkeiten sind wichtig, da sich viele belastende Situationen zunächst nicht verändern lassen.

Besonders geeignet für die Anspannungsreduktion sind starke sensorische Reize und Bewegung. Z. B. auf einer Chili kauen, Wasabi-Paste schmecken, Geruchsreize, Musik hören, Sport und Bewegung, annehmende Achtsamkeitsübungen, Entspannungsübungen, PMR und Übungen zur Akzeptanz der Realität.

Im Hochstressbereich haben sich Kältereize als sehr hilfreich erwiesen, Cool-Packs, Eiswürfel auf Stirn oder in den Nacken legen, einen Eiswürfel in den Mund nehmen, kaltes Wasser ins Gesicht, Dusche mit kaltem Wasser, »Diving Skill« (den Kopf in ein Gefäß mit kaltem Wasser tauchen).

Auf diese Weise wird ein phylogenetisch alter Reflex – »Tauchreflex« – ausgelöst, der den Nervus vagus aktiviert, was eine Reduzierung der physiologischen Anspannung zur Folge hat.

13.3 Emotionsregulation/Umgang mit Gefühlen

In diesem Therapiebaustein wird an der Wahrnehmung und Regulation von Gefühlen gearbeitet.

Gefühle und Reaktionen, Handlungsimpulse, tatsächliches Handeln, Gedanken, körperliche Reaktionen, Gesichtsausdruck, Körperhaltung etc. stehen im Vordergrund dieses Moduls. Emotionen werden durch innere und äußere Reize ausgelöst. Emotionen können automatisierte oder auch erlernte Handlungen auslösen. Je stärker die Gefühle sind, umso stärkere Reaktionen können folgen. Daher sollen

Übungen die Fähigkeit stärken, eigenen Gefühle zu erkennen und darauffolgende Handlungsimpulse wahrzunehmen.

Ein Ziel ist dabei, Gefühle beobachten und verstehen zu lernen, dazu gehört auch die emotionale Verwundbarkeit zu erkennen und gegebenenfalls in Krisen mittels Skills zu verringern.

Die Gefühle in die Balance zu bringen, das heißt auch den Fokus nicht nur auf belastende Gefühle zu richten, sondern besonders positive Gefühle wahrzunehmen und im eigenen Erleben vermehrt zuzulassen.

Positive Gefühle sind wichtig für die den Ressourcenaufbau.

14 Grundlagen von START

Für Fachleute stehen grundlegende Kurzbeschreibungen zu den Themen Trauma, Resilienz, Skills, Achtsamkeit, Stressregulation, Selbstberuhigungstechniken, Albträume zur Verfügung, ein detaillierter Sitzungsleitfaden führt durch die einzelnen Module.

Grundsätzlich ist es günstig, mit zwei Therapeuten oder Betreuern eine START-Gruppe zu leiten. So ist es möglich, sich auf die Gruppe einzulassen, die Übungen anzuleiten, aber auch bei Bedarf einzelnen Teilnehmern in Anspannungssituationen direkte Unterstützung anzubieten. Die Therapeuten/Betreuer stellen die Übungen vor und führen sie auch aktiv und modellhaft mit den Jugendlichen zusammen durch.

Das START-Konzept besteht aus fünf Modulen und wird im Gruppensetting angewendet, kann aber auch im Einzelsetting durchgeführt werden, was im Manual mit speziellen Übungen berücksichtigt wurde.

Alle Übungen und Informationen für Kinder und Jugendliche sind im START-Manual mehrsprachig übersetzt, in leicht verständlicher Sprache verfasst und mit hilfreichem und umfangreichem Bildmaterial ausgestattet.

Für die vereinfachte praktische Durchführung stehen zudem neben übersetzten Printmaterialien auch mehrsprachige Audiodateien auf der zum Manual gehörenden DVD zur Verfügung.

Das Gruppensetting impliziert, dass Kinder und Jugendliche die Möglichkeit haben, soziale Fertigkeiten interaktiv und authentisch im direkten Kontakt zu erleben und zu erproben. In der Gruppe werden zwischenmenschliche Fertigkeiten und Integration aktiv gelebt. Zudem wird so das Gefühl gefördert, nicht alleine mit den »Problemen« und belastenden Erfahrungen und Traumata zu sein. Die Betonung der absoluten Freiwilligkeit zur Teilnahme am START-Programm zielt zudem auf die Förderung und Stärkung der Eigenkontrolle und der Selbstwirksamkeit. Dies erscheint bedeutungsvoll, da traumatisierte Jugendliche häufig »fremdbestimmt« wurden und oft Ohnmachts- und Hilflosigkeitserfahrungen gemacht haben.

Als hilfreich hat sich bewährt, den Jugendlichen bereits vor Beginn des Interventionsprogramms ausführliche Informationen über Ziel und Ablauf der Module zu geben und z. B. ein Handout mit Info-/Übungsblättern auszuhändigen, um damit möglichst viel Transparenz durch Informationen (»Was kommt auf mich zu?«) herzustellen und etwaige Ängste abzubauen.

Der Zugang zum START-Programm ist niedrigschwellig ausgerichtet, um so vielen Kindern und Jugendlichen Unterstützung anbieten zu können. Die therapeutische Grundhaltung ist validierend und ressourcenaktivierend.

Die Durchführung der Intervention ist leicht erlernbar und richtet sich an Psychotherapeuten, Ärzte, Sozialarbeiter, Kliniken, Jugendhilfeeinrichtungen, Lehrer, Schulen, Schoolworker, Schulpsychologen, professionelle Caregiver und psychosoziale Institutionen, damit sie auch in diesen Einrichtungen genutzt werden kann.

START wurde zunächst im Klinikkontext der Kinder- und Jugendpsychiatrie nach folgendem Ablaufschema durchgeführt: Nach Diagnostik und Psychoedukation erhalten die Jugendlichen ein Handout mit START-Materialien und können am fünfwöchigen START-Programm teilnehmen. Pro Woche finden zwei Gruppentermine statt. Die Gruppe setzt sich aus 6–8 Jugendlichen im Alter von 13–18 Jahren zusammen und wird von zwei Therapeuten geleitet. Die Therapeuten stellen die Übungen vor und führen sie auch aktiv und modellhaft mit durch.

Die ersten vier Module beinhalten Übungen zur Stress- und Emotionsregulation, zur Selbstberuhigung, Selbstfürsorge. Achtsamkeitsübungen; Übungen zum Wahrnehmen von »positiven« Gefühlen und Ereignissen sind in allen Modulen berücksichtigt. Die vier Module können gut ohne Beteiligung eines Dolmetschers in der Gruppe umgesetzt werden, da auf visuelle, auditive und mehrsprachig übersetzte Materialien zurückgegriffen werden kann. Das fünfte Modul gibt Hilfestellungen im »Umgang mit Albträumen«. Besonders Kinder und Jugendliche mit Fluchthintergrund berichten häufig über Schlafstörungen und Albträume und haben dabei großen Leidensdruck. Neben der Psychoedukation und die Verbindung mit bereits erlernten Skills und Entspannungstechniken werden expositionsbasierte Techniken zur Albtraumbeschreibung angewendet und die Möglichkeit zur Modifikation von Albträumen angeführt. In diesem Modul kann die Mitwirkung eines Dolmetschers erforderlich werden.

Ganz wichtig ist, dass in der letzten Gruppensitzung eine kleine Abschiedsfeier mit einer »Zertifikatsübergabe« (als positive Verstärker und Erinnerung) stattfindet, zumal Abschiede und Trennungen eine zentrale Rolle im Leben der unbegleiteten minderjährigen Flüchtlinge spielen. Im dialektischen Sinne soll die Verabschiedung aus der Gruppe auch mit positiven Aspekten verbunden werden.

14.1 Inhalte des Manuals

Die Inhalte des Manuals sind bewusst einfach gehalten und leicht verständlich. Für den Anwender dient ein Sitzungsleitfaden als Orientierung und Hilfe zur Durchführung des Programms. Auch notwendige Materialien und die jeweiligen Stundeninhalte werden dort aufgeführt. Der ritualisierte Ablauf erleichtert den Therapeuten und den Jugendlichen bereits zu Beginn die Integration in die Gruppe und die Übernahme von Eigenverantwortung. Manche Übungen sind recht spielerisch gehalten, um das Spektrum von positiven Erfahrungen auch im Gruppenkontext unmittelbar erfahrbar zu machen. Aktive Achtsamkeitsübungen, Ballspiele, Veränderungen wahrnehmen, Bewegungsmemory oder auch gemeinsame einfache Bewegungsspiele zu Beginn der Gruppe lockern die Atmosphäre, reduzieren Stress und öffnen innerhalb der Gruppe das Interesse am Üben weiterführender Skills. Psychoedukative Inhalte wie für sich Sorgen lernen, der Umgang mit Krisen und Flashbacks usw. können in einer vertrauensvollen Atmosphäre thematisiert werden und anhand von Skizzierungen eigener Beispiele der Jugendlichen aufgegriffen werden. Dabei wird von den Therapeuten oder Gruppenleitern darauf geachtet, dass die Stabilisierung und die Vermittlung von START-Skills im Vordergrund stehen. Eine gezielte Aufarbeitung von persönlichen Belastungen im Sinne von expliziter Selbsterfahrung oder Expositionsarbeit ist kein Ziel in der START-Gruppe. Durch die Leichtigkeit der Übungen entsteht schnell eine validierende, prosoziale und stabile Gruppensituation. Der »ritualisierte« und strukturell gleiche Ablauf der einzelnen Gruppensessions unterstützt das Gefühl von Vertrautheit, Kontrolle und Sicherheit.

14.2 Aufbau des Manuals

Das Manual beinhaltet einen kurzen theoretischen Teil zum Thema und eine Ablaufbeschreibung der einzelnen Sitzungen wie folgt:

- inhaltliche Kurzbeschreibung zu den Themen: Trauma, Resilienz, Skills, Achtsamkeit, Stressregulation, Albträume
- detaillierter Sitzungsleitfaden zu jedem Modul mit Angabe der benötigten Materialien
- Informationen für Fachleute
- Info-/Übungsblätter für Kinder und Jugendliche, mehrsprachig übersetzt
- Audio-CD (alle Info-/Übungsblätter, kurze thematische Fallvignetten)

Anhang: Bonusmaterialien

- Fallvignetten
- Spannungsbogen
- Dolmetscherleitfaden

Kopiervorlagen

- alle Info-Übungsblätter
- Zertifikatvorlage

DVD

- alle Übungs-/Infoblätter in Print- und Audioversion/Abschlusszertifikat

14.3 Die START-Gruppe

Wie bereits erwähnt, folgt die Gruppensitzung (oder ggf. Einzelsitzung) einer wiederkehrenden Struktur. Die Jugendlichen werden von Beginn an aktiv in die Gestaltung der Gruppesitzung miteinbezogen. Dazu gehört die Möglichkeit, eigene Achtsamkeitsübungen genauso wie eigene Skills vorzustellen und auszuprobieren. Die Therapeuten/Betreuer verstehen sich als Modell-Person und Unterstützer und übergeben, nachdem sie eine Übung vorgestellt haben, diese Aufgabe in Folge jedes Mal an die einzelnen Jugendlichen weiter. Ein Beispiel: Zu Beginn der Gruppe setzen sich zunächst alle Teilnehmer achtsam in einen Stuhlkreis. Dann wird eine Klangschale durch einen Jugendlichen vor und am Ende einer kurzen achtsamen Ankommensübung von ca. 1–2 Minuten angeschlagen. Die Teilnehmer werden gebeten, sich auf den Ton zu konzentrieren und auf den eigenen Atem zu achten. Dies erleichtert einerseits den gemeinsamen Beginn der Gruppesession und zum anderen übernimmt auch hier bereits im Sinne der Selbstwirksamkeitsförderung ein Jugendlicher eine zentrale Rolle bzw. Aufgabe für die Gruppe. Dies sind sicher einfache, kleine Interventionen, aber mit guter Wirkung auf den Selbstwert der Jugendlichen, so die klinische Erfahrung. Dies lässt sich innerhalb des gesamten START-Programms auf eine Vielzahl von Aufgaben ausweiten. Ein weiteres Beispiel: Ein oder zwei Jugendliche übernehmen die Aufgabe, an der Flipchart den Spannungsbogen aufzumalen und alle Teilnehmer am Anfang und am Ende der Sitzung nach ihrer aktuellen Einstufung in den Spannungsbogen zu fragen, und zeichnen diese in die Grafik (mit den Initialen der einzelnen Jugendlichen) ein. Im Prinzip werden die Jugendlichen im Laufe der fünfwöchigen Gruppe zu ihren eigenen »Anleitern« und stärken so ihre Fertigkeiten im zwischenmenschlichen Miteinander. Je mehr Initiative und Aktivität den Jugendlichen übertragen wird, desto mehr selbstwirksames Handeln kann gestärkt werden. Dies trägt zur Stabilisierung und Stärkung von Ressourcen bei und fördert sozialen Support.

Gestaltung des Gruppenraums: Der Raum sollte angemessen groß sein und für aktive Übungen genügend Platz bieten. In der Mitte der Gruppenrunde sollte sich ein kleiner niedriger Tisch befinden, auf dem bereits erprobte und auch neue Skills liegen. Die Willkommensatmosphäre in der Gruppe wird unterstützt durch das Angebot von Getränken (wie etwa Wasser oder Tee) und einer Kleinigkeit zu Essen, z. B. Obst oder Kekse. Der kleine Tisch ist aber auch eine kleine Grenze/Barriere im positiven Sinne, auf diese Weise müssen sich die Teilnehmer nicht ganz offen gegenübersitzen und haben so eine kleine, aber wichtige »Komfortzone« in der Runde. Auch kann der Blick bei Entspannungsübungen auf den Tisch gerichtet werden, wenn die Teilnehmer die Augen nicht schließen, sich aber auch nicht durch ihr Gegenüber ablenken lassen wollen.

Die thematischen Inhalte in der Gruppe werden von den Therapeuten oder Gruppenleitern eingebracht und es wird darauf geachtet, dass die Stabilisierung und die Vermittlung von START-Skills zunächst im Vordergrund stehen.

Beispiele aus dem Lebensalltag und aus bisherigen eigenen Erfahrungen der Teilnehmer können durchaus eingebracht werden, nur die Tiefe der Selbstexploration wird dabei im stabilen Kontext belassen. Sollte ein Teilnehmer dennoch sehr belastet sein, kann dies je nach Schwere der Belastung direkt im Gruppenkontext durch den Einsatz von unterstützenden Skills aufgefangen werden, z. B. können bei Dissoziationen Coolpacks, Igelbälle, Wackelbrett etc. durch einen Therapeuten angeboten werden, während die anderen Teilnehmer am Thema der jeweiligen Stunde weiterarbeiten.

14.4 Struktur, Module und Sitzungen

Wie bereits beschrieben, laufen die Sitzungen nach einem wiedererkennbaren Schema ab:

- Begrüßung und eine recht kurze Achtsamkeitsübung zum Beginn jeder Sitzung (unterstützend Klangschale einsetzen und eine »achtsame Sitzhaltung einnehmen)
- Spannungsbogen (aktuelle Anspannung zu Beginn der Sitzung an einer Flipchart einzeichnen)
- Aktive Achtsamkeitsübung
- Information zum Thema der Sitzung
- thematische Einheit und Praxisübungen
- kleine »Übungsaufgabe« bis zur nächsten Therapiesitzung (z. B. Spannungsbogen führen und Skills ausprobieren)
- Achtsamkeits- oder Entspannungsübung
- Spannungsbogen (aktuelle Anspannung am Ende der Sitzung)
- Kurze Achtsamkeitsübung am Schluss (unterstützend Klangschale einsetzen, »achtsame Sitzhaltung« einnehmen)

Der strukturierte Sitzungsablauf ermöglicht den Jugendlichen, sich schnell zu orientieren und sich aktiv in die Sitzungen einzubringen und diese mitzugestalten. Dies schafft bei jeder Wiederholung das Gefühl von Vertrautheit und vermittelt den Jugendlichen das Gefühl von Sicherheit. Z. B. können und sollen die Gruppenteilnehmer auch eigene neue Skills und Erfahrungsbeispiele von angewendeten Fertigkeiten einbringen. Die aktive Mitgestaltung der Sitzungen findet großes Interesse und kann das Commitment für selbstwirksames Handeln bei den Jugendlichen fördern. Für die Durchführung von Entspannungsübungen und PMR (Progressive Muskelrelaxation) stehen in einer multilingualen Gruppe MP3-Player mit Audioversionen der Übungen in mehreren Sprachen zur Verfügung.

Alle anderen Übungen werden bevorzugt interaktiv gestaltet.

15 Ein Blick ins Manual – Sitzungsleitfaden und einige exemplarische Übungen

Nachfolgend werden exemplarisch einige Übungen und Arbeitsblätter aus dem START-Manual vorgestellt.

15.1 Auszug aus dem START-Modul 1

Sitzungsleitfaden-Ablauf Modul 1:

- Begrüßung und Eingangsrunde
- START-Modul 1: Einführung (Einleitung START-Gruppe, Teilnehmern (TN) aushändigen oder Audioversion abspielen)
- Achtsamkeitsübung (aktive Übung: TN Bälle zuwerfen)
- Kurze Einführung Skillstraining – Hochstressskills
- Übungen
- Wind-Down (PMR)

Grundhaltung Therapeut: Validieren, positiv verstärken!

Material:

- Einleitung der 1. START-Gruppe
- Flipchart
- Klangschale
- Info-/Übungsblätter/Spannungsbogen
- Skills: Jonglierbälle, Eiswürfel in kleinen Plastiktüten, Gefäß mit kaltem Wasser, Coolpacks, Hanteln, Chilischoten
- Audio-DVD, ggf. MP3-Player
- Audiogerät, Lautsprecher

Ganz zentral ist die Grundhaltung im Gruppenkontext. Eine validierende Grundhaltung ist achtsamkeitsbasiert und vermittelt dem Gegenüber, dass sein Handeln, Fühlen, Denken und seine Wahrnehmung nachvollziehbar sind. Dies vermittelt zugleich, dass ein Interesse an dem Einzelnen besteht. Es bedeutet nicht, dass alles gut zu heißen ist. Kommt jemand etwa mit einem geschnittenen Unterarm in die

Gruppenstunde – als Folge einer Selbstverletzung –, dann kann dies nachvollziehbar sein, wenn er keinen anderen Weg zur Reduzierung seiner Anspannung gefunden hat. In der Gruppenstunde sollte die Aufmerksamkeit nur wenig auf die Verletzung gelenkt werden, sondern man sollte stattdessen nochmal gemeinsam nach Alternativfertigkeiten in Anspannungssituationen schauen.

Die Grundhaltung ist das zentrale Moment. Ist jemand in seinem Leben von anderen Menschen ständig invalidiert, bedroht, missbraucht oder vernachlässigt worden, so kann Validierung Vertrauen schaffen und die Akzeptanz, sich auf neue Wege einzulassen, verstärken.

15.2 Durchführung von Achtsamkeitsübungen

Zu Beginn und am Ende der jeweiligen Sitzung werden Achtsamkeitsübungen durchgeführt. Sie helfen dabei in der Gruppe miteinander in Kontakt zu treten und fokussieren die Aufmerksamkeit auf die Gegenwart. Achtsamkeitsübungen können auch viel Spaß bereiten und positive Begegnungen gleich zu Beginn der Gruppe fördern. Positive soziale Begegnungen erhöhen die Bereitschaft, sich an den Übungen innerhalb der Gruppe zu beteiligen, soziale Ängste oder Unsicherheiten können so leichter abgebaut werden. Die Übungen sind einfach und nachvollziehbar aufgebaut. Unterstützung innerhalb des Gruppensettings ist ausdrücklich gewünscht. Die Therapeuten dienen auch hier wiederum als Modelle und beteiligen sich genauso wie die Jugendlichen an der Achtsamkeitsübung. Eine mögliche Schamexposition wird so zudem reduziert. Aber wie bei allen Übungen gilt auch hier das Prinzip der freiwilligen Teilnahme. Die Erfahrung zeigt, dass sowohl die ruhigeren und meditativen als auch die aktiveren Übungen sehr gerne angenommen werden. Die Jugendlichen können auch eigene Achtsamkeitsübungen einbringen. Wichtig ist, dass nach der Übung eine kurze Reflexionsphase erfolgt: Was war achtsam an dieser Übung, was war hilfreich, um diese Übung durchzuführen? Was ist den Teilnehmern aufgefallen (gemeinsamer Spaß etc.), Lachen und Freude, Lockerheit, positives Miteinander. Wo waren die Gedanken der Teilnehmer – in der jeweiligen Situation, im Hier und Jetzt? Die Reflexion soll die Bedeutsamkeit von Achtsamkeitsübungen ankern. Die Jugendlichen lernen, ihre Aufmerksamkeit auf die *Gegenwart* auf den *Moment* zu lenken und dadurch auch Beruhigungs- und Selbstfürsorgestrategien mit Achtsamkeit zu verknüpfen.

Am Ende der Gruppensitzung wird je nach Stimmung meistens eine ruhige und entspannte Übung durchgeführt, die auch zu Hause alleine wiederholt werden kann etwa eine Atementspannung (▶ Kap. 17.3).

Eine kleine Hausaufgabe wird immer nach der Gruppensession mitgegeben, in der Regel Skills üben und den Spannungsbogen ausfüllen. Die Hausaufgabe wird in der darauffolgenden Stunde aufgegriffen, falls sie nicht vorhanden ist, wird dies nicht bewertet und lediglich kommentiert: »…vielleicht klappt´s zum nächsten

Mal, das wäre toll.« Auch hier gilt das Prinzip der Freiwilligkeit. Die Therapeuten verstärken bewusst adaptives Verhalten.

15.3 Exemplarische Beispiele für Achtsamkeitsübungen

Material für die Achtsamkeitsübung: Kleine Bälle z. B. Jonglierbälle.
Therapeut macht die Übungen vor.

1. Bälle zuwerfen

Ziel: Miteinander in Kontakt treten, auf den Augenblick konzentrieren, Anspannung durch Aktivität reduzieren.
Der Therapeut stellt die Übung vor. Es werden mehrere kleine Bälle, z. B. Jonglierbälle, benötigt.
Begonnen wird mit einem Ball. Wer den Ball fängt, sagt seinen Namen und gibt den Ball weiter, der Ball sollte achtsam zugeworfen werden *(dies am Anfang sagen)*.
Die Bälle werden in bestimmter Reihenfolge zugeworfen (immer vom selben Zuwerfer den Ball bekommen und an dieselbe Person abgeben). Die Anzahl der Bälle kann dabei erhöht werden; die Bälle sollen nicht auf den Boden fallen, das Spiel geht einige Runden.
Die Übung soll Spaß machen und keinen Stress erzeugen und den Möglichkeiten der TN angemessen sein. Die TN bestimmen selbst, wie viele Bälle im Umlauf sein sollen, es gilt »challenge by choice« (Herausforderung nach Wahl). Unterstützung untereinander ist aktiv gewünscht.

2. »Händeklatscher weitergeben«

Die Teilnehmer stehen im Kreis. Ein Teilnehmer klatscht einmal in die Hände, dann klatscht der nächste Teilnehmer einmal in die Hände, das Klatschen geht im Uhrzeigersinn durch die Runde weiter, eine Proberunde – danach wird eine Sonderregel eingeführt: die »Händeklatscher« werden im Uhrzeigersinn weitergegeben, klatscht ein Teilnehmer jedoch zweimal in die Hände, dann wechselt immer die Richtung; einige Runden durchspielen.
Zusätzlich: Dreimal klatschen bedeutet, eine Person im Kreis wird »übersprungen« (Richtung wird beibehalten.).

3. »Veränderungen wahrnehmen«

Ziel: Achtsamkeitslenkung, in Kontakt mit anderen sein.
In der Achtsamkeitsübung geht es darum, Veränderungen wahrzunehmen.

Anleitung: »Stellt euch bitte in einen Kreis. Eine oder zwei Personen werden gleich den Raum verlassen. Vorher ist es wichtig, sich jeden einzelnen der Gruppe und auch die gesamte Gruppe genau anzuschauen und euch einzuprägen, was ihr wahrnehmt.

Während die beiden Akteure den Raum verlassen haben, verändert die Gruppe ein paar Merkmale, das können veränderte Kleidungsstücke sein, vertauschte Positionen in der Gruppe etc. Der Schwierigkeitsgrad sollte angemessen sein, das Spiel darf ruhig Spaß machen.

Die Anzahl der Veränderungen wird den Akteuren genannt, wenn sie wieder zurück in den Raum kommen.«

alternativ:

Auf ein großes Tablett oder auf einen Tisch werden Gegenstände gelegt.

Diese sind mit einem Tuch bedeckt. Die Aufgabe besteht darin, sich alle Gegenstände und deren Position in kürzester Zeit einzuprägen.

Der Ablauf funktioniert nun so: Das Tuch wird für eine bestimmte Zeit, z. B. 1 Minute (Zeit hängt von der Herausforderung und Anzahl der Gegenstände ab, kann kürzer oder länger sein) weggenommen. Danach wird das Tuch wieder über die Gegenstände gelegt. Alle in der Gruppe drehen sich nun um, damit der Therapeut Gegenstände verändern kann, wegnehmen kann, dazulegen kann oder deren Position verändern kann. Wie immer soll auch hier die Herausforderung angemessen sein, damit die Übung Spaß machen kann.

Findet die Übung in der Gruppe statt, dann ist ausdrücklich Unterstützung aller gewünscht. Im Einzelkontakt kann der Therapeut durchaus auch Hilfestellungen geben.

4. Atemübung »10–1 zählen«

Ziel: Selbstberuhigung, Achtsamkeitslenkung, Entspannung

Anleitung: »Setze dich bequem hin, die Füße stehen auf dem Boden, die Arme liegen locker auf den Lehnen des Stuhls oder auf deinen Beinen. Dein Rücken ist gerade aufgerichtet, der Kopf ist locker zwischen den Schultern.

Wenn Gedanken auftauchen, lass sie einfach weiterziehen wie Wolken am Himmel.

Suche dir einen Punkt im Raum, auf den du deinen Blick richtest. Du kannst deine Augen aber auch schließen (und jederzeit wieder öffnen!) oder auf »unscharf« stellen.

Jetzt achte auf deinen Atem, atme tief ein und langsam aus. Dann zähle leise beim Einatmen bis 10, beim Ausatmen von 10 herunter, dann beim Einatmen bis 9, beim Ausatmen von 9 herunter, dann immer weiter bis du beim Einatmen und beim Ausatmen bei 1 angekommen bist. Danach konzentriere dich auf die Gegenwart, den Moment und kehre mit deiner Aufmerksamkeit zurück. Du kannst deinen Körper bewegen, strecken, so wie es wohlfühlend für dich ist.«

Wenn du diese Übung häufiger machst, dann hilft sie dir, dich zu entspannen.

Ziel: Konzentration auf die Gegenwart, Distanzierung von schwierigen Kognitionen und Emotionen, Stressreduktion, Beruhigung, Ablenkung

5. »5-4-3-2-1-Übung«

Anleitung: »Dies ist eine Übung, um dich auf den gegenwärtigen Moment zu konzentrieren und dich bei schwierigen Gedanken und Gefühlen abzulenken.
 Setze dich bequem hin, die Füße stehen auf dem Boden, die Arme liegen locker auf den Lehnen des Stuhls oder auf deinen Beinen. Dein Rücken ist gerade aufgerichtet, der Kopf ist locker zwischen den Schultern.
 Die Übung funktioniert ganz einfach und kann überall gemacht werden.
 Zunächst konzentrierst du dich auf das Sehen und nennst 5 Dinge, die du siehst, dann nennst du 5 Dinge, die du hörst und zuletzt 5 Dinge, die du spürst (z. B. den Boden unter den Füßen, wie du im Stuhl sitzt usw.).
 Das Ganze wiederholst du, indem du 4 Dinge nennst, die du siehst, 4 Geräusche, die du hörst und 4 Dinge, die du spürst.
 Dann 3 Dinge, die du siehst....
 Du wiederholst dies bis du in der Reihenfolge bei 1 angekommen bist.
 Dabei ist es absolut ok, auch gleiche Dinge und Geräusche mehrfach zu nennen, da es hier um die Konzentration auf die Gegenwart geht.«

6. »Bewegungsmemory«

Ziel: Miteinander in Kontakt treten, auf den Augenblick konzentrieren, Anspannung durch Aktivität reduzieren.
 Teilnehmer (TN) stehen im Kreis und der Therapeut demonstriert die Übung mit einem oder mehreren Teilnehmern exemplarisch, danach nehmen alle auch der Therapeut an der Übung teil.
 Ablauf der Übung: Ein TN macht eine Körperbewegung vor, z. B. »Zuwinken«, dann wiederholen alle TN zusammen »Zuwinken«. Der nächste TN im Kreis übernimmt mit allen anderen TNs zusammen die Bewegung »Zuwinken« und fügt eine neue Bewegung zusätzlich hinzu, z. B. Hochspringen. Alle TNs wiederholen die Bewegung »Hochspringen«. Der nächste TN im Kreis wiederholt zusammen mit allen anderen TNs zuerst »Zuwinken«, dann »Hochspringen« und fügt eine neue Bewegung hinzu. Die Übung setzt sich solange fort bis jeder eine neue Übung zugefügt hat. Ist die TN der Gruppe klein, so kann die Runde um weitere Bewegungen pro TN erweitert werden.
 Am Anfang demonstriert der Therapeut die Übung zusammen mit ein paar TN. Danach beginnt die Übung.

7. »room search« (Übung eignet sich auch für Einzelsetting)

Ziel: Konzentration auf die Gegenwart, beobachten, konzentrieren, wahrnehmen, ablenken.

Anleitung: »In dieser Übung geht es um die achtsame Wahrnehmung deiner Umgebung. Sie ist ganz einfach, kann aber ganz gut sein, wenn du dich mal von Gedanken oder unangenehmen Gefühlen ablenken möchtest oder einfach auch nur deine Konzentration auf den gegenwärtigen Moment ausrichten möchtest.

Du beginnst die Übung, indem du versuchst, in deiner Umgebung möglichst viele Gegenstände wahrzunehmen. Dann suche alle Gegenstände im Raum mit einer bestimmten Farbe, z. B. alle blauen Gegenstände, dann alles was grün ist oder Gegenstände aus bestimmten Materialien wie z. B. alles, was aus Holz ist etc.«

8. Muskeln anspannen und entspannen

Ziel: Selbstberuhigung, Achtsamkeitslenkung, Entspannung

Anleitung: »Du kannst eine Hand auf deinen Bauch legen, dann merkst du, wie dein Atem in deinen Bauch und Körper fließt. Bauchatmung ist gut zum Entspannen.

Lege dich hin oder setze dich bequem auf einen Stuhl. Wie es für dich gut ist.

Atme tief ein und langsam aus. Atme tief ein und langsam aus. Atme tief ein und langsam aus.

Jetzt spanne alle Muskeln deines Körpers gleichzeitig, für ein paar Sekunden an, danach entspanne alle Muskeln wieder.

Wiederhole diese Übung fünfmal, bis sich dein Körper entspannt anfühlt.«

9. »Dein persönlicher sicherer Wohlfühl-Ort«

Diese Übung ist keine klassische Achtsamkeitsübung, sondern eine stabilisierende Imaginationsübung!

Anleitung: »In der folgenden Übung kannst du dir einen angenehmen Ort in deiner Fantasie so gestalten, dass er für dich sicher ist und du dich wohlfühlen kannst, wenn du an diesen Ort denkst. Du hast alle Möglichkeiten, den Ort zu gestalten, was du sehen, hören und spüren möchtest.

Bekommst du während der Übung dennoch unangenehme Gefühle oder Gedanken oder tauchen belastende innere Bilder auf, dann kannst du jederzeit die Übung abbrechen und dich im Raum und auf die Gegenwart konzentrieren. Übung:

Setze dich bitte bequem hin. Deine Füße stehen auf dem Boden, dein Rücken ist aufgerichtet, dein Kopf ist locker zwischen den Schultern, deine Hände kannst du auf deine Beine oder die Stuhllehnen legen.

Konzentriere dich nun auf deinen Atem.

Richte deinen Blick auf einen Punkt im Raum. Wenn es angenehmer für dich ist, kannst du natürlich auch die Augen schließen.

Nun achte auf deinen Atem. Atme tief ein und aus. Ein und aus. Wiederhole dies ein paar Mal.

Stelle dir einen Ort vor, an dem du dich wohl und sicher fühlst. Das kann ein Ort sein, den du vielleicht kennst oder ein Ort deiner Fantasie.

Du hast die Fähigkeit, alles an dem Ort so zu verändern, bis du dich richtig wohl fühlst.

Wie sieht dein Ort aus? Gefällt dir der Ort, sonst verändere den Ort so, bis er schön und angenehm für dich aussieht.

Wie ist die Temperatur an diesem Ort, du kannst sie regeln – nicht zu warm und nicht zu kalt, genauso, bis sie angenehm und wohlfühlend für dich ist.

Was hörst du? Nimm wahr und auch hier kannst du alles, Geräusche oder Stille, so verändern, wie es angenehm für dich ist.

Was riechst du? Nimm wahr und auch die Gerüche kannst du so verändern, so wie es für dich sein soll und angenehm für dich ist.

Auch dein Körpergefühl kannst du verändern, so dass sich dein Körper gut und wohl anfühlt.

Wenn du dich ganz wohl fühlst und alles an deinem »persönlichen, inneren, sicheren Wohlfühl-Ort« angenehm ist, dann mache eine kleine Bewegung oder Geste zum Beispiel mit der Hand und gebe deinem Ort einen Namen. Das kann auch ein Phantasiename sein. Die Bewegung oder der Namen für den Ort können dir helfen, dich schneller im Alltag an deinen sicheren Ort zu erinnern.

Atme jetzt ein paarmal tief ein und langsam aus. Dann richte deine Aufmerksamkeit in den Raum und die Gegenwart. Öffne deine Augen.

Wenn du möchtest, kannst du auch ein Bild von deinem Wohlfühlort malen.«

16 Skillstraining – Stressregulation

Ziel

Den Teilnehmern werden praktische Anwendungen von Hochstress-Skills vermittelt, um die Wirkungsweise und richtige Anwendung sowie den gezielten und auch individuellen Einsatz der Skills zu üben.

Die Skills werden gemeinsam geübt, die Therapeuten und Betreuer machen diese Übungen immer mit. Danach werden die Wirkungen der Skills in der Runde besprochen und überlegt, in welcher Phase des Spannungsbogens (rot-gelb-grün) diese Skills hilfreich sein könnten. Dabei ergeben sich individuelle Unterschiede: Für den einen ist Ammoniak im Hochstressbereich hilfreich, um sich wieder besser regulieren zu können, und für andere erzeugt dieser starke Sinnesreiz eher Stress. Deshalb ist es wichtig, Skills auszuprobieren und dann den persönlichen Bereichen zu zuordnen (▶ Abb. 18.1–18.4). Auch hier ist soziale Unterstützung durch Erfahrungsaustausch sinnvoll und erhöht die Akzeptanz.

Info/Übungsblätter zum START-Modul 1

> **Info-/Übungsblatt »Einleitung Stressregulation« (START-Modul 1)**
>
> »Die Skills, die wir jetzt anwenden, helfen schnell Stress zu reduzieren. Hier eine kurze Beschreibung. Wir werden die Übung vormachen und auch die Bilder auf dem Übungsblattblatt zeigen, damit du siehst wie die Skills angewendet werden. Achte mal darauf, was sich verändert – wahrscheinlich wird der Puls etwas langsamer, die Atmung tiefer und vielleicht fühlt sich insgesamt alles ein bisschen besser an.«
>
> Kältereize
>
> - kalt duschen, kaltes Wasser ins Gesicht spritzen,
> - Eiswürfel oder Coolpacks auf die Stirn oder in den Nacken legen
> - oder einen Eiswürfel in den Mund nehmen.
>
> Bewegung und Sport
>
> - Bewegung hilft, Stress zu reduzieren: Laufen, Sport, Tanzen, Liegestütze, Sit-Ups und alles, was mit Bewegung zu tun hat.

Entspannung und Selbstberuhigung

- PMR: Diese Übung hilft dem Körper, Entspannung zu finden.
- Auch andere Entspannungsübungen helfen: wie tiefes Bauchatmen, dabei entspannt sitzen oder liegen. Wir werden euch mehrere Übungen in den START-Gruppen (oder in der Einzelstunde) zeigen.

Jetzt einfach mal ausprobieren!

Info-/Übungsblatt Kältereize (START-Modul 1)

»In dieser Übung möchten wir die zugleich beruhigende und auch ablenkende Wirkung von Kältereizen mit dir ausprobieren. Aus der Erfahrung wissen wir, dass dies bei den meisten Menschen hilft, weil dies ein biologischer Ablauf im Körper ist. Kältereize wie z. B. Eis oder kaltes Wasser führen dazu, dass Stressreaktionen des Körpers reguliert werden. Das ist eine prima Sache und kann dir helfen, dich auch recht schnell körperlich zu beruhigen. Durch Kältereize werden Puls und Herzschlag bei Stress »runter reguliert« und dadurch kannst du dich schneller entspannen und ruhiger fühlen. Hilfreich sind kalt duschen, Eiswürfel oder Coolpacks auf die Stirn oder in den Nacken legen, kaltes Wasser ins Gesicht spritzen, einen Eiswürfel in den Mund nehmen. Auch zusätzlich kaltes Wasser über die Handgelenke und Unterarme laufen lassen unterstützt dich beim Regulieren deiner Anspannung und bei deiner Körperberuhigung.
Heute werden wir gemeinsam ein paar Skills dazu mit dir üben.«
Jetzt einfach mal ausprobieren!

Teil IV – START

Abb. 16.1: Info-/Übungsblatt Kältereize – Stressregulation (Dixius und Möhler 2016)

Weitere Skills: »Diving-Skill« – Kopf in einen mit kaltem Wasser gefüllten Eimer eintauchen, Eiswürfel in den Mund nehmen, Coolpack in den Nacken.
Jetzt einfach mal ausprobieren!

Info-/Übungsblatt: Sport und Bewegung

»Starke Gefühle wirken sich auch auf unseren Körper aus. Der Körper kommt unter Stress. Zum Beispiel: Wut und Ärger und Angst bringen den Körper in starke Anspannung, was manchmal auch zu impulsivem und problematischem Verhalten führt. Um deine Gefühle zu regulieren, helfen auch Bewegung und Sport. 10 bis 20 Minuten oder länger können schon sehr gut helfen. Dann

können sich problematische Gefühle reduzieren und angenehme Gefühle werden durch die Bewegung und den Sport begünstigt.
Laufen, Tanzen, Seilspringen, Basketballspielen, Sit-Ups, auf den Boxsack boxen, Treppen laufen, schnelles Gehen, Liegestütze und ...
Wichtig ist, diese Übungen mit viel Einsatz und intensiv zu machen.«
Jetzt einfach ausprobieren!

Abb. 16.2: Info-/ Übungsblatt Sport und Bewegung – Stressregulation (Dixius und Möhler 2016)

Weitere Skills: Tanzen, Treppen steigen, laufen, Bewegung...
Jetzt einfach mal ausprobieren!

Info-/Übugsblatt PMR (Progressive Muskelrelaxation)

Durch Entspannungsverfahren und Selbstberuhigungstechniken kannst du deine körperlichen Reaktionen beeinflussen, dich beruhigen, deine Körpervorgänge aktiv beeinflussen und dich auch mit deinen Gefühlen ins Gleichgewicht bringen. Diese Übungen vermindern deine körperliche Anspannung, dein Erregungsniveau und deinen Stress.
Abbau von Stress bedeutet auch, dass du dich körperlich wohler fühlen kannst und vielleicht auch besser schlafen kannst. Auch extreme Gefühle wie Angst und Furcht lassen sich während der Übung abschwächen.
Je öfter du PMR oder Entspannungsübungen machst, desto besser helfen diese und du wirst mehr positive, angenehme Gefühle und entspannte Situationen erleben können. Außerdem verhilft dir regelmäßiges Anwenden von Entspannungsübungen zu einer verbesserten Körperwahrnehmung, so können auch Schmerzen und körperliche Beschwerden beeinflusst werden.'
Einfach ausprobieren!

Info-/Übungsblatt PMR II

In dieser Übung kannst du über Atmung, Muskelanspannung und Muskelentspannung starke Gefühle und intensive Anspannung regulieren. Die Bilder kennzeichnen den Muskelbereich in der Reihenfolge der Übung.

Eine kurze Übung zur Entspannung und Selbst-Beruhigung – PMR
Setze oder lege dich bequem hin.
Atme ein paarmal tief ein und langsam aus.
Nun spanne deine Gesichtsmuskeln (1) für ein paar Sekunden an.
Atme tief ein, stell dir vor, dass der Sauerstoff in deine Muskeln fließt und fühle, wie sich beim Ausatmen die Muskeln im Gesicht wieder entspannen.
Nun spanne deine Nackenmuskeln (2) und deine Schultermuskeln (2) für ein paar Sekunden an. Fühle wie sich die Muskeln beim langsamen Ausatmen entspannen.
Spanne deine Rückenmuskeln (3) an. Halte die Spannung. Atme tief ein und fühle und spüre, wie sich dein Rücken beim Ausatmen wieder ganz entspannt.
Spanne deine Bauchmuskeln (4) jetzt kurz an. Nimm einen tiefen Atemzug und lass den Atem in die Muskeln fließen, bis sie ganz entspannt sind.
Spanne deine Brustmuskeln (5) an. Halte die Spannung einen Moment. Atme tief ein, langsam wieder aus, entspanne wieder.
Spanne nun deine Oberarmmuskeln (6) für ein paar Sekunden an.
Atme wieder tief ein und fühle, wie sich deine Oberarme (7) beim langsamen Ausatmen wieder ganz entspannen.

Spanne deine Unterarme (8) an, halte die Anspannung. Atme tief ein und entspanne beim langsamen Ausatmen die Unterarme wieder.'
Spanne deine Hände an, halte die Spannung, atme tief ein und langsam aus.
Nun spanne deine Oberschenkel (9) an, halte die Spannung. Atme tief ein und entspanne wieder.
Spanne deine Waden (10) an, halte die Spannung, atme tief ein und langsam aus, löse die Spannung, bis die Muskeln relaxed sind.
Jetzt spanne deine Füße (11) bis in die Zehenspitzen (11) an, halte die Spannung, atme tief ein und löse die Spannung beim Ausatmen.
Dann spanne alle Muskeln (12) gleichzeitig an und halte die Anspannung 10 Sekunden (zähle bis 10).
Dann entspanne alle Muskeln (12) für 10 Sekunden.
Atme mehrmals tief und langsam ein und langsam wieder aus.
Spüre den Unterschied zwischen Anspannung und Entspannung.
Wiederhole dies, spanne alle Muskeln für 10 Sekunden an und dann relaxe, entspanne alle Muskeln.

Teil IV – START

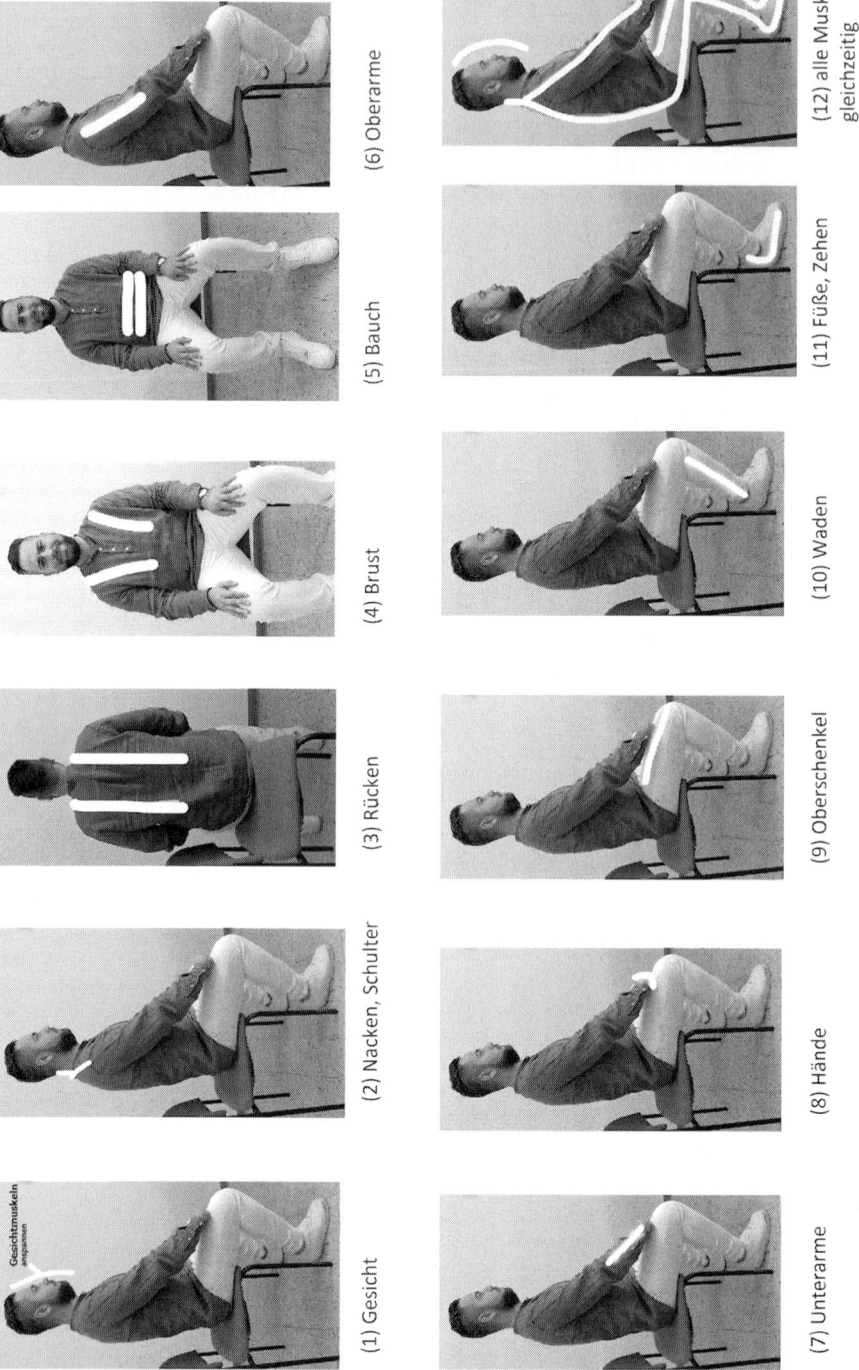

Abb. 16.3: Info-/Übungsblatt PMR – Visuelle Veranschaulichung

17   Der Spannungsbogen und seine Funktion

Der Spannungsbogen dient der Selbstreflexion und der Wahrnehmung der eigenen psychischen und auch körperlichen Verfassung. Die verschiedenen Anspannungsbereiche sind den »Ampelfarben« zugeordnet. Der rote Bereich entspricht der »Hochstressphase«, in der es schwierig ist, emotional zu regulieren oder kognitiv Probleme zu lösen. In diesem Bereich kommt es häufig zu impulsiven Reaktionen, z. B. Streit oder Selbstverletzungen. Auch die Verhaltenskontrolle kann erschwert sein. Hochstress-Skills sollen dabei helfen, Selbstkontrolle wiederzuerlangen. In dieser anstrengenden Phase kann der Einsatz von Skills helfen, sich wieder zu beruhigen und Kontrolle zurückzuerlangen. Bei den einen Jugendlichen funktioniert das rasch nach ein paar Minuten, andere müssen auch deutlich länger Skills (z. B. eine Runde Joggen, danach kalt duschen, Musikhören ...) einsetzen. Gut ist dafür, eine überschaubare Skills-Kette zu haben, also eine bestimmte Abfolge von unterschiedlichen Skills, und darauf zu achten, Skills für unterschiedliche Situationen zu finden (für zu Hause, in der Schule, für unterwegs). Es ist vielleicht schwierig, unterwegs Sit-ups zu machen, Hirn-Flic-Flacs oder die 5-4-3-2-1-Methode (▶ Kap. 17.3) lassen sich auch im Bus durchführen. In diesem Bereich geht es in erster Linie darum, sich aus der Stressphase herauszubringen und schwierige Situationen zu überstehen, ohne Schaden zu erleiden oder anderen zuzufügen. Ebenfalls geht es darum, Krisen zu überstehen und leidvolle Situationen zu überwinden. Unmittelbar wirksame Skills sind z. B. starke Sinnesreize wie Ammoniak riechen, eine Chilischote kauen, Sport machen oder kaltes Wasser ins Gesicht machen.

In der grünen und gelben Phase können Skills in Non-Stressphasen geübt werden und auf ihre Wirkung geprüft werden. In Stressphasen werden sie dadurch automatisch abrufbar, schneller erinnert und leichter durchgeführt. Der Spannungsbogen soll für einen *frühzeitigen* Einsatz von Skills sensibilisieren. Er kann die Jugendlichen bei der Reflektion unterstützen, wann es zu problematischen Situationen kommt, etwa abends, in der Schule, beim Gefühl von Heimweh.

Es ist nicht das zentrale Ziel, immer möglichst »entspannt« oder ohne Stress zu sein, sondern es ist primär wichtig, sich »selbstwirksam« in schwierigen Situationen helfen zu können und Regulationstechniken einzusetzen. Dabei können Alternativfertigkeiten verhindern, dass es z. B. zu Selbstverletzungen oder anderen maladaptiven Handlungen kommt.

Neben den Stressregualtionsskills sind aber auch Skills wichtig, die darauf zielen, angenehme Zustände und positives Erleben zu fördern wie z. B. mit Freunden in Kontakt sein, Lieblingsmusik hören und sich auf positive Gefühle, Aktivitäten und Gedanken zu konzentrieren.

17.1 Einleitende Information für Jugendliche

»Der Spannungsbogen dient dazu, dass du einmal deine Gefühle von Anspannung und Entspannung aktiv wahrnimmst. Er soll dir dabei helfen, in schwierigen Situationen frühzeitig Skills einzusetzen. Vielleicht stellst du auch im Tagesverlauf Veränderungen fest. Wichtig sind aber auch die Zeiten, in denen du ausgeglichen und relaxed bist, dann kannst du überlegen, was dir guttut. Zum Beispiel bist du vielleicht ausgeglichener, wenn du Sport machst oder gemacht hast, dann kann Sport ein guter Skill für dich sein und positive Gefühle unterstützen. Du kannst den Bogen also zur deiner eigenen Beobachtung einsetzen. Aber du kannst ihn auch deinen Therapeuten zeigen, wenn du Unterstützung haben möchtest«.

In der ersten START-Gruppe malt der Therapeut ein Modell des Spannungsbogens (▶ Abb. 17.1) auf eine Flipchart, danach übernehmen wie bereits geschildert die Teilnehmer der Gruppe für jede Sitzung diese Aufgabe.

Der Therapeut erfragt bei den Teilnehmern Beispiele für Anspannung, z. B. die Anspannung im aktuellen Moment. Zur Vereinfachung können zunächst auch Beispiele durch Therapeuten/Betreuer beschrieben werden.

Als kleine Aufgabe bis zur nächsten Gruppensitzung werden die Teilnehmer gebeten ihre Anspannung auf ihrem Bogen einzutragen und bei hoher Anspannung, die bereits gelernten Skills auszuprobieren.

17 Der Spannungsbogen und seine Funktion

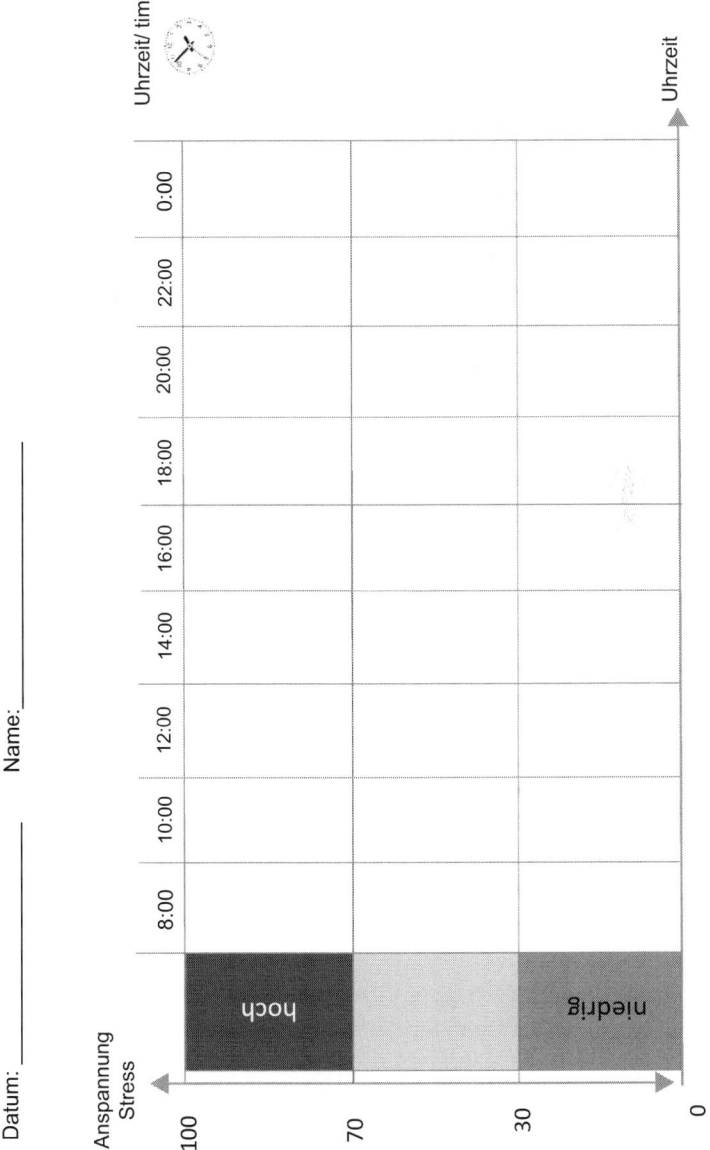

Abb. 17.1: Der Spannungsbogen (Dixius und Möhler 2016)

18 Persönliche Skillsliste und Ausschneidebilder

Der Therapeut teilt wie nachstehend zu diesem Modul die Info-/Übungsblätter und Ausschneideblätter aus.

Die Info-/Übungsblätter sind so gestaltet, dass sie aufeinander aufbauen. Zunächst wird ein Beispiel gezeigt. Dann wird sich intensiv einer möglichen Skills-Kette im »roten« Stresslevel gewidmet (demonstrieren an der Flipchart). Danach wird damit begonnen, die »Persönliche Skillsliste« (▶ Abb. 18.1 und 18.2) anzufertigen. Im gelben und grünen Bereich können Skills zum Umgang mit Gefühlen, zur Ausbalancierung von Emotionen, zur achtsamen Wahrnehmung, Selbstberuhigung und Entspannung eingesetzt werden, sowie alles, was auch zu positiven Emotionen beiträgt.

Wie schon die Bezeichnung »Persönliche Skillskette« beschreibt, helfen nicht alle Skills jedem gleichermaßen. Deshalb ist es wichtig, in der Gruppe (oder im Einzelsetting) zusammen mit den Jugendlichen einige wichtige Skills auszuprobieren, damit jeder die Wirkung der Skills erfahren kann und seine eigenen findet.

Skills werden unter Berücksichtigung der besonderen Lebenssituation bei geflüchteten Jugendlichen beachtet. Hier ist die einfache Anwendung der Skills genauso wichtig wie deren Verfügbarkeit im Alltag. Eine individuelle Anpassung der Skills in Form einer »Persönlichen Skillsliste« (▶ Abb. 18.1 und 18.2) wird zusammen mit den Jugendlichen erarbeitet, was durch den Einsatz von prägnanten und exemplarischen Bildmaterialien (▶ Abb. 18.3 und 18.4) erleichtert wird.

Die Skillsliste erinnert im Alltag daran, welche Skills in den verschiedenen Anspannungsbereichen Unterstützung bieten können.

Die persönlichen Skillslisten werden mit den Jugendlichen zusammen erstellt, alle sitzen an einem Tisch mit den entsprechenden Materialien. Wichtig ist, dass vorher möglichst viele Skills ausprobiert werden. Die Skillsliste entwickelt sich während der START-Gruppe regelmäßig weiter. Wird festgestellt, dass Skills nicht oder nicht mehr wirksam sind, werden sie durch neue ersetzt. Anregungen aus der Gruppe werden aufgegriffen. Am Ende präsentiert jeder seine individuelle Skillsliste. Der interaktive Austausch in der Gruppe wird aktiv gefördert.

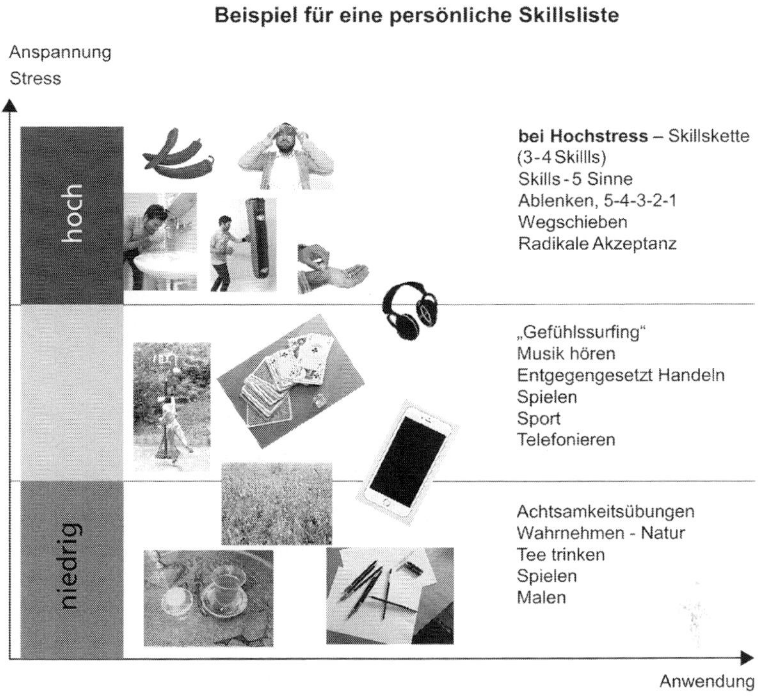

18 Persönliche Skillsliste und Ausschneidebilder

Beispiel für eine persönliche Skillsliste

bei **Hochstress** – Skillskette
(3-4 Skillls)
Skills - 5 Sinne
Ablenken, 5-4-3-2-1
Wegschieben
Radikale Akzeptanz

„Gefühlssurfing"
Musik hören
Entgegengesetzt Handeln
Spielen
Sport
Telefonieren

Achtsamkeitsübungen
Wahrnehmen - Natur
Tee trinken
Spielen
Malen

Abb. 18.1: Persönliche Skillsliste (Dixius und Möhler 2016)

Beispiel für eine persönliche Skillsliste

bei **Hochstress** – Skillskette **(3-4 Skillls)**
(1) coolpack, (2) Boxen, (3) Chili kauen, (4) Musikhören

Die Skills möglichst so lange anwenden, bis die Anspannung unter dem roten Bereich (unter 70) ist!

Abb. 18.2: Persönliche Skillsliste II (Dixius und Möhler 2016)

125

Abb. 18.3: Ausschneidebilder (Dixius und Möhler 2016)

18 Persönliche Skillsliste und Ausschneidebilder

Skills – Ausschneideblatt für die persönliche Skillsliste (START-Modul 2 - S. 45)

hier kannst du dir Bilder für deine persönliche Skillsliste ausschneiden oder du suchst dir in Zeitschriften Bilder

START – Stress – Traumasymptoms - Arousal-Regulation - Treatment
© 2016 by Andrea Dixius

Abb. 18.4: Ausschneidebilder II (Dixius und Möhler 2016)

19 START im Überblick: Thematische Schwerpunkte der fünf START-Module

- **Modul 1**: Einführung: Zunächst erfolgt eine kurze inhaltliche Einführung zu den Themen Achtsamkeit, Stressregulation und Entspannung.
  Danach werden konkrete Skills vorgestellt: Übungen zu schnell wirksamen Hochstress-Skills wie z. B. Kältereize (Coolpacks, Eiswürfel, kaltes Wasser), Psychoedukation und exemplarische Übung zu Bewegung und Sport und die Einführung zu selbstberuhigenden Skills »PMR« in Kurzform.
- **Modul 2**: Übungen zu »mit den Sinnen beruhigen« (Sehen, Riechen, Fühlen, Schmecken, Hören) als mögliche Regulationsfertigkeiten zum (Wieder-)Erlangen von emotionaler und Verhaltenskontrolle im Hochstressbereich.
  Beispiele für Skills: Chilischoten oder Wasabipaste, Zitrone, Ammoniakampullen, Bilder, Musik, Bewegungsübungen, antidissoziative Skills.
  Einführung der »Skillsbox« (als Aufbewahrung von persönlichen Skills)
- **Modul 3**: Vorstellen der bereits vorhandenen Skillsboxen;
  Zentrale Themen: »Achtsam mit sich selbst umgehen«; Anfertigen der »Persönlichen Skillsliste« (exemplarische Skillsliste, Skillskette; »Spannungsbogen«).
- **Modul 4**: Psychoedukation zum Thema Krise; interaktive Bearbeitung des Themas und Übungen mit TN zum Thema »Krisen überwinden«; Umgang mit Intrusionen und Flashbacks; neue Skillsübungen zu den Themen; Abschlussübung »Sicherer Wohlfühlort«.
- **Modul 5**: Dieses Modul ist fakultativ einsetzbar und enthält anders als die Module 1 bis 4 auch Elemente. Es ist wichtig, dass, bevor Modul 5 durchgeführt wird, bereits Stabilisierungstechniken (»der sichere Wohlfühlort) und Skills etabliert sind. Außerdem ist darauf zu achten, dass je nach Sprachkenntnissen des Jugendlichen gegebenenfalls der Einsatz eines Dolmetschers erforderlich sein kann. Zudem sollten Basics in Traumatherapie oder -pädagogik bei den durchführenden Therapeuten vorhanden sein.

Kinder und Jugendliche mit Traumaerlebnissen berichten häufig von Schlafstörungen und quälenden Albträumen und empfinden dabei enormen Leidensdruck. Neben der Psychoedukation zum Thema und der Verbindung mit bereits erlernten Skills und Entspannungsübungen werden Techniken zur Albtraumbeschreibung angewendet und die Möglichkeit zur Modifikation von Albträumen als Basis zur Veränderung erarbeitet (Dixius und Möhler 2016).

19 START im Überblick: Thematische Schwerpunkte der fünf START-Module

Zusammenfassender Überblick

Zielgruppe

- Kinder und Jugendliche
- minderjährige Flüchtlinge

Basics

- 5 Module
- Gruppen-/Einzelsetting
- mehrsprachig übersetzte Materialien
- hilfreiches Bildmaterial
- Übungen als Print- und Audioversion

Grundhaltung

- validierend
- niedrigschwelliger Zugang
- kulturintegrativ
- sozial-integrativ
- ressourcenorientiert

START – inhaltliche Zielsetzung

- Stressregulation
- Stabilisierung bei emotionalen Krisen und Belastungen
- Selbstwirksamkeitsstärkung
- positive Erfahrungen fördern
- Hilfe bei Albträumen
- ggf. Vorbereitung auf und/oder Kombination mit weiterer Psychotherapie
- Prävention und Resilienzförderung

Adressaten'
Psychotherapeuten, Ärzte, Kliniken Sozialarbeiter, professionelle Caregiver, Jugendhilfeeinrichtungen, psychosoziale Institutionen.

19.1 Fallbeispiel Ali (16 Jahre) und seine Erfahrungen mit START

»Als ich nach Deutschland kam, hatte ich eine lange Flucht hinter mir. Da war wirklich viel Schlimmes passiert. Aber ich habe durchgehalten, trotzdem hatte ich ziemlich Heimweh. Ich bin in ein Clearinghaus gekommen und wusste nicht so richtig, was jetzt passiert.

Da waren noch andere Jugendliche, mit den meisten habe ich mich gut verstanden. Aber ich war oft sehr aufgeregt, konnte schlecht schlafen und vermisste meine Familie. Manchmal habe ich meine Anspannung und Wut und Angst nicht ausgehalten und habe mit der Hand gegen die Wand geschlagen. Die Hand war ziemlich geschwollen und ich bekam einen Verband. Ich habe mich dann gleich wieder sehr aufgeregt. Da hat mich ein Betreuer gefragt, ob ich nicht an START teilnehmen möchte, er hat mir etwas zum Lesen über START gegeben. Ich habe die anderen gefragt und die haben auch mitgemacht. Die Gruppe war oft richtig lustig und ich habe in der Gruppe meine Sorgen manchmal richtig vergessen, obwohl wir zu »Stress« und »Krisen überstehen« in der Gruppe gearbeitet haben. Wir bekamen Skills.

Meine Lieblingsskills sind immer noch Sport, Boxsack, Eiswürfel mit Zitronengeschmack, malen, Entspannungsübungen und Musik hören, abends in meinem Zimmer. Ich habe meine Skillsbox noch und die steht auch in meinem Zimmer.

Nach ein paar Tagen bin ich in eine neue Wohngruppe gezogen. Die Skills haben mir geholfen, mich nicht so schnell aufzuregen, das war zwar manchmal auch anstrengend, aber besser als mit der Faust zu schlagen. Ich fand START gut und vermisse sogar die Gruppe. Meine Hand ist abgeheilt und ich bin oft viel besser gelaunt als am Anfang. Ich lerne viel und gehe in die Schule«.

19.2 Pilotstudie – START

In einer Pilotstudie (Dixius et al. 2017) nahmen Jugendliche teil, die nach intensiven Stresserlebnissen, Traumaereignissen und auch Fluchterlebnissen vulnerabel für die Entwicklung von psychischen und physischen Störungen und Symptomen sind.

Die Intervention »START« dauerte fünf Wochen und vermittelte auf einfache Weise den Jugendlichen Fertigkeiten und Skills zur Achtsamkeit, Entspannung, Stress- und Gefühlsregulation und Selbstwirksamkeit, sowie im Gruppenkontext Übungen zu sozialen Fertigkeiten.

Die Studiengruppe bestand aus 22 Jugendlichen im Alter von 13–18 Jahren, die an einem fünfwöchigem START-Programm der SHG Kliniken für Kinder- und Jugendpsychiatrie zu zwei Terminen (à 70 Minuten) pro Woche teilnahmen. Die

Gruppe wurde von zwei Therapeuten geleitet. Die Jugendlichen nahmen alle freiwillig an Studie und START-Programm teil und wurden in einem Vorabtermin (Spezialambulanz) ausführlich im Einzelkontakt über das START-Programm informiert, hierbei erhielten sie zudem ein ausführliches Handout zu START. Der Aspekt von Kontrolle und Selbstbestimmtheit ist besonders für Jugendliche mit massiven Invalidierungs- oder Traumaerfahrungen von zentraler Bedeutung. Nach freiwilliger und informierter Zustimmung (informed consent) zur Teilnahme an der Studie und dem START-Programm wurden Screenings und Testverfahren vor und nach der START-Intervention durchgeführt. Ein Ethikvotum für die Studie liegt vor.

Nachfolgend werden nun die wichtigsten Ergebnisse und Schlussfolgerungen der Pilotstudie zusammenfassend dargestellt.

Die Traumabelastung wurde mittels Screeningverfahren CATS (Child and Adolescent Trauma Screening) und CPTCI (Child Post-Traumatic Cognitions Inventory) einmalig erhoben.

Vor und nach dem Programm wurden bei den Jugendlichen unter anderem die Stressregulation mittels RHS-15 (Refugee Health Screener) und die Emotionsregulation mittels FEEL-KJ (Fragebogen zur Erhebung der Emotionsregulation bei Kindern und Jugendlichen) erfasst.

Ca. 80 % der Studienteilnehmer hatten hohe psychische Belastungen oder Hinweise auf Traumasymptome in CATS (▶ Abb. 19.1) und CPTCI (▶ Abb. 19.2). Alle 22 Jugendlichen nahmen am gesamten START-Programm teil. Limitationen der Pilotstudie sind aufgrund der kleinen Fallzahl und der fehlenden Kontrollgruppe gegeben. Dennoch sind die Ergebnisse klinische relevant und bedeutsam. Weiterführende Studien sind bereits in der Umsetzung.

Teil IV – START

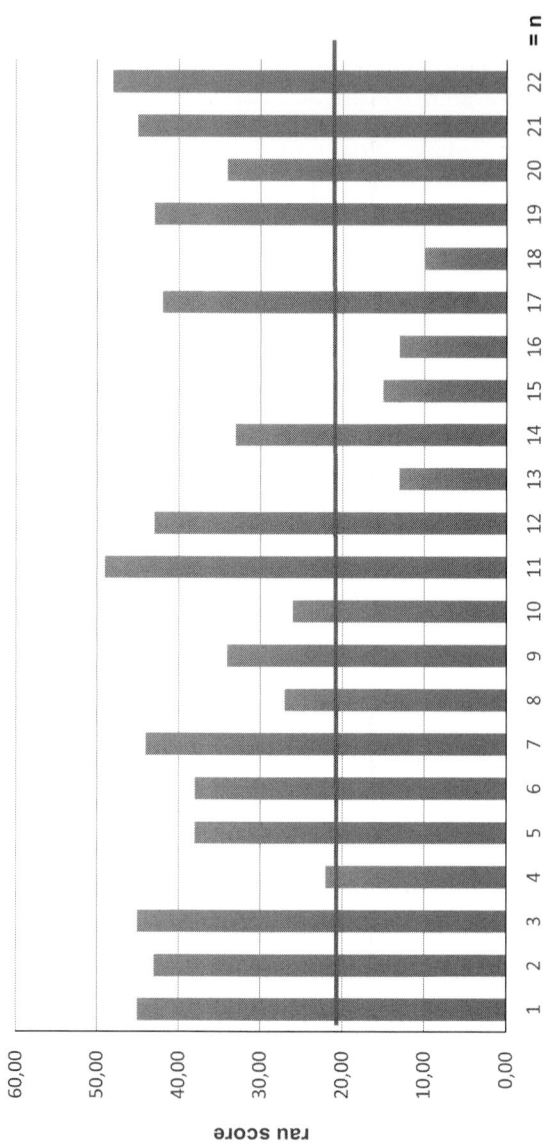

Abb. 19.1: START-Pilotstudie – Ergebnisse: CATS

19 START im Überblick: Thematische Schwerpunkte der fünf START-Module

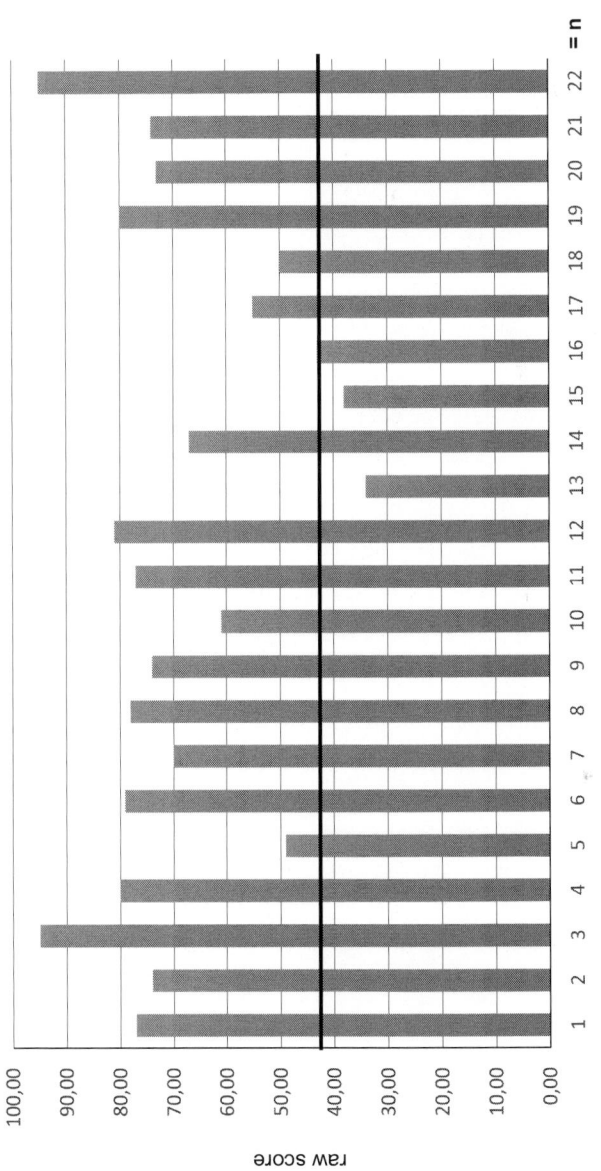

Abb. 19.2: START-Pilotstudie – Ergebnisse: CPCTI

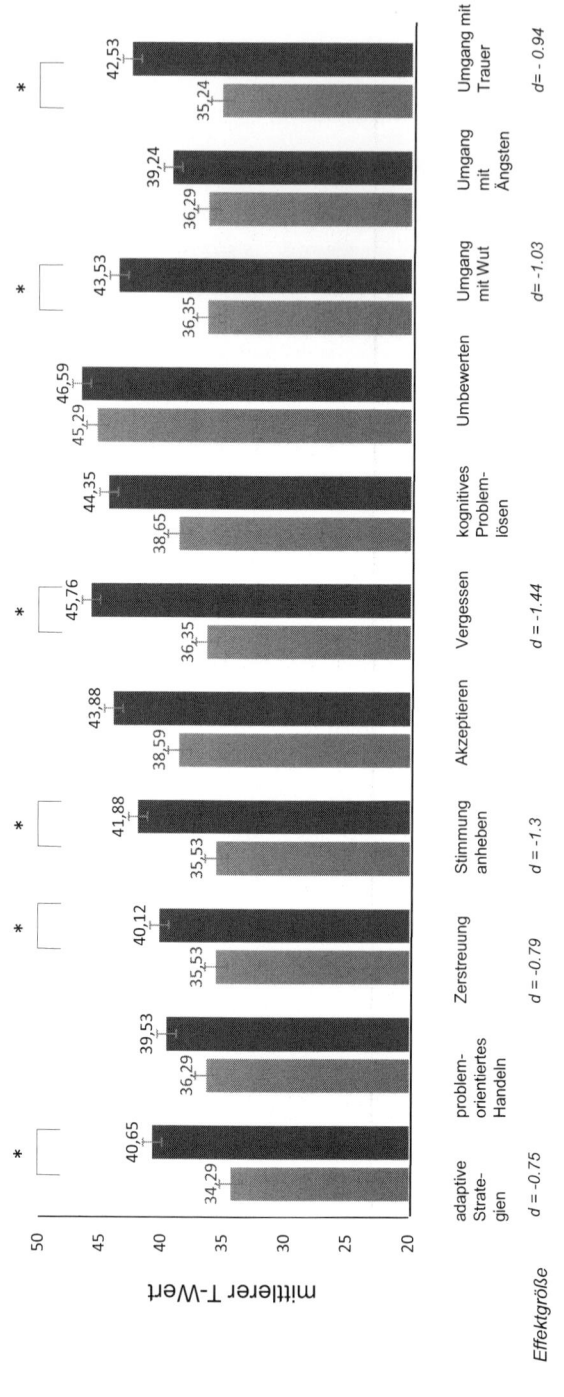

Abb. 19.3: Pilotstudie – Ergebnisse: FEEL-KJ

19 START im Überblick: Thematische Schwerpunkte der fünf START-Module

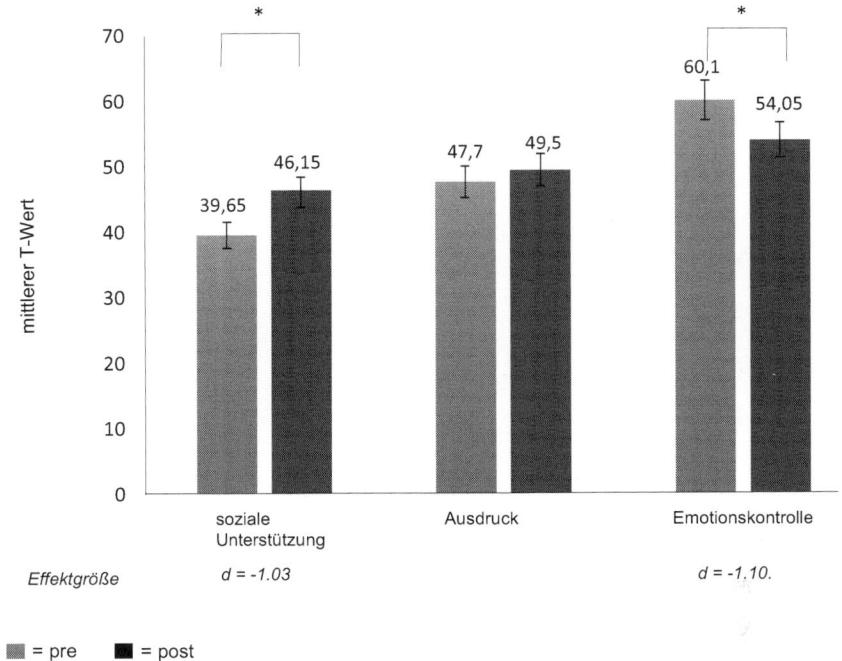

Abb. 19.4: START-Pilotstudie – Ergebnisse: FEEL-KJ – Additional Scales

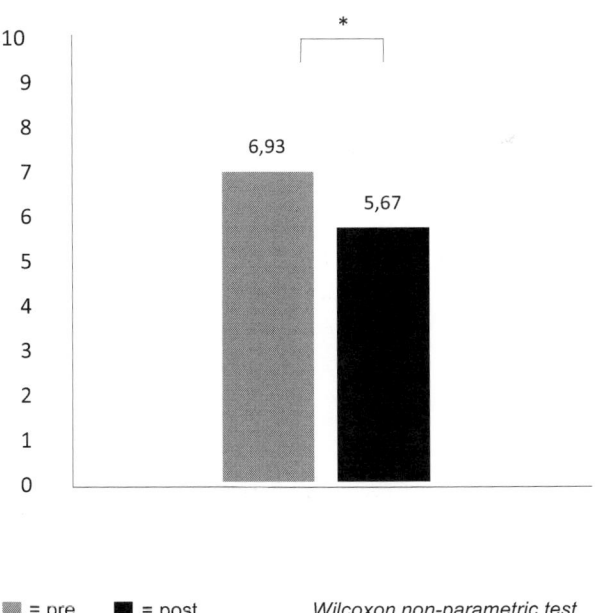

Abb. 19.5: Pilotstudie – Ergebnisse: RHS-15 (Distressregulation)

Die Studie zeigt, dass sich signifikante Veränderungen der Emotionsregulation (▶ Abb. 19.3), der Emotionskontrolle und der sozialen Unterstützung (▶ Abb. 19.4) sowie der Anspannungsreduktion (▶ Abb. 19.5) ergeben. Die Ergebnisse sind relevant für den therapeutischen und pädagogischen Bereich.

20 Schlusswort

Die essentiellsten Erkenntnisse aus unserem Buch lassen sich wie folgt festhalten:

Traumatische Kindheitserlebnisse wie körperliche, sexuelle und emotionale Misshandlung und Missbrauch sind ein hoch prävalentes Thema in unserer Gesellschaft. Stress- und traumabezogene Verhaltensstörungen sind gleichzeitig auch die bei weitem häufigsten Krankheitsbilder, die in der Kinder- und Jugendpsychiatrie oder -psychotherapie vorkommen.

Kinder in Hochrisikosituationen können neben unmittelbarer, gewalttätiger Bedrohung auch in ihrer sozial-emotionalen Entwicklung gefährdet sein. Sie tragen längerfristig ein erhebliches Risiko, schwere emotionale Probleme und Verhaltensstörungen zu entwickeln (Ziegenhain und Fegert 2008, van der Kolk 2015, Levine 2014, Resick 2017, Steil 2012) und einen chronisch vulnerablen Entwicklungsverlauf psychischer Belastungen zu durchleben.

Die Prävalenz eines Kindheitstraumas wird von Witt et al. (2017) in Deutschland auf 28 % und von Goodman et al. (1998) auf 25 % geschätzt. Dahingegen rangieren die Schätzungen für das Auftreten körperlicher Gewalterfahrungen zwischen 13 % (Kessler et al. 1995) und 40 % (Goodman et al. 2008). Eine mögliche Auswirkung eines Missbrauchs ist die Posttraumatische Belastungsstörung (PTBS). Opfer von Missbrauchserfahrungen haben ein erhöhtes Risiko, eine PTBS zu entwickeln (Widom 1999, 2004).

In einer Studie von Lundberg-Love et al. (1992) zeigen Patienten, die als Kind Opfer von Gewalt waren, in Folge dieser Erfahrung mehr Depressivität, ein Gefühl der Entfremdung und – bei Frauen – auch sexueller Enthemmung als Frauen ohne diese Erfahrung. Es wird auch diskutiert, dass die chronische PTBS zu einer Borderline-Störung führen kann, da Borderliner zu etwa 65 % von sexuellen Missbrauchserfahrungen, zu 60 % von körperlichen Gewalterfahrungen und zu etwa 40 % von schwerer Vernachlässigung berichten (Zanarini et al. 1997).

Insbesondere in der Kinder- und Jugendpsychiatrie ist dabei eine übergreifende, transnationale und transgenerationale Perspektive wichtig, da viele aktuelle Forschungsergebnisse zeigen, dass Misshandlungsphänomene nationenübergreifend sowohl in Deutschland als auch in Familien oder Individuen mit Migrations- und Fluchthintergrund und manchmal auch oft in mehreren Generationen hintereinander vorkommen. Eine befriedigende und schlüssige Erklärung wurde dafür noch nicht gefunden. Unter präventiven aber auch therapeutischen Gesichtspunkten ist es sehr wichtig, diesem Phänomen auf den Grund zu gehen. Dieses Buch trägt daher die wissenschaftlichen Erkenntnis dieses Phänomens und dessen praktische Berücksichtigung im Behandlungs- und Stabilisierungs-Kontext zusammen. Der Schwerpunkt lag dabei auf der Praxisorientierung.

Die Relevanz des Gelesenen liegt auf der Hand, wenn man bedenkt, dass durch aversive Kindheitserfahrungen nicht nur psychische Erkrankungen ausgelöst werden, sondern auch ein höheres Lifetime Risiko für Krebs, Diabetes, Bluthochdruck und Übergewicht besteht, wenn Jugendliche oder junge Erwachsene stetig unter hoher Anspannung stehen, ohne diese anders als durch Essen oder Substanzkonsum regulieren zu können.

Daher ist es wichtig, Kindern und Jugendlichen frühzeitig die Fähigkeit zu vermitteln, mit Spannungszuständen so umzugehen, dass sie weder sich noch andere schädigen.

Das hier vorgestellte Resilienz-Förderungsprogramm soll und kann also zur Volksgesundheit beitragen, insbesondere wenn es so eingesetzt wird, wie konzipiert: niedrigschwellig, nahe an Alltagskontexten und ressourcenorientiert und so, dass es Spaß macht.

Der nächste Schritt- die Vermittlung des START-Programms für Jugendliche per App steht kurz vor der Vollendung und kann dann durch die hohe Anwenderfreundlichkeit vielen Kindern und Jugendlichen zugutekommen, sowohl schwer traumatisierten, als auch der zunehmenden Gruppe an Kindern und Jugendlichen, die sich über massiven »Alltagsstress« beklagt.

Da die gesellschaftlichen Folgekosten unbewältigten Stresses ausgesprochen hoch sind, will dieses Buch einen wichtigen Beitrag leisten, um Fachleute zu sensibilisieren und zu informieren.

Wir wünschen viel Erfolg und beim Anwenden!

Literatur

Adler, NE., David, HP., Major, BN., Roth, SH., Russo, NF., Wyatt GE. (1990). Psychological responses after abortion. Science.;248(4951):41-44.
Arnsten, A. F. T. (1997). Catecholamine regulation of prefrontal cortex. Journal of Psychopharmacology, 11, 151-162.
Arnsten, A. F. T. (1999). Development of the cerebral cortex: XIV. Stress impairs prefrontal
Arnsten, A. F. T. und Goldman-Rakic, P. S. (1998). Noise stress impairs prefrontal cortical cognitive function in monkeys: evidence for a hyperdopaminergic mechanism. Archives of General Psychiatry, 55, 362-369.
Bengel, Jürgen/ Meinders- Lücking, Frauke/ Rottmann, Nina- Bundeszentrale für gesundheitliche Aufklärung (Hrsg.) (2009): Schutzfaktoren bei Kindern und Ju-gendlichen. Stand der Forschung zu psychosozialen Schutzfaktoren für Gesundheit. Band 35. Köln: BZgA.
Bohus M et al. (2013) DBT for PTSD after Childhood Sexual Abuse in Patients with and without Borderline Personality Disorder: A Randomised Controlled Trial. Psychother Psychosom 2013; 82: 221-233
Bohus, M., Krüger, A, Priebe, K. 2013. Psychotherapie der Posttraumatischen Belastungsstörung bei Patienten mit Borderline-Persönlichkeitsstörung. Psychotherapie 18. Jahrg. 2013, Bd 18, Heft 1, © CIP-Medien, München
Bohus, M., Krüger, A, Priebe, K. 2013. Psychotherapie der Posttraumatischen Belastungsstörung bei Patienten mit Borderline-Persönlichkeitsstörung. Psychotherapie 18. Jahrg. 2013, Bd 18, Heft 1, © CIP-Medien, München
Bohus, M., Wolf, M. (2011). Interaktives Skillstraining für Borderline-Patienten. Stuttgart, New York: Schattauer.
Boos, A. Kognitive Verhaltenstherapie nach chronischer Traumatisierung (2014). Ein Therapiemanual. Hogrefe: Göttingen
Bremner, J D (2003). Functional neuroanatomical correlates of traumatic stressrevisited 7 years later, this time with data. Psychopharmacol Bull. 2003 Spring;37(2):6-25.
Bridgett, D., Burt, N., Edwards, E., Deater-deckard, K. (2015) intergenerational transmission of self-regulation. A multidisciplinary review and integrative conceptual framework. Psychological bulletin, 141, 602-654
Bronstein, I., Montgomery, P. (2011). Psychological distress in refugee children: a systematic review. Clin Child Fam Psychol Rev. 2011 Mar;14(1):44-56.
Bryant, R.A., Harvey, A., Dang S.T., Sackville, T. und Basten, C. (1998). Treatment of acute stress disorder: A comparison of cognitive-behavioral therapy and supportive counseling. Journal of consulting and clinical Psychology, 66 (5) 862-866.
Carletto, S, Borsato, T (2017) Neurobiological correlates of post-traumatic stress disorder: A focus on cerebellum role. European Journal of Trauma & Dissociation Volume 1, Issue 3, September 2017, Pages 153-157
Chou CY, La Marca R, Steptoe A, Brewin CR. (2018) Cardiovascular and psychological responses to voluntary recall of trauma in posttraumatic stress disorder. Eur J Psychotraumatol. 2018 Jun 4;9(1):1472988. doi: 10.1080/20008198.2018.1472988. eCollection 2018.
Cohen, J. A., Mannarino, A. P. und Deblinger, E. (2009). Traumafokussierte kognitive Verhaltenstherapie bei Kindern und Jugendlichen. Heidelberg: Springer.
De Bellis, M. D. (2001). Developmental traumatology: the psychobiological development of maltreated children and its implications for research, treatment, and policy. Development and Psychopathology, 13, 539-564.

Derluyn, I., Mels, C., und Broekaert, E. (2009). Mental Health Problems in Separated Refugee Adolescents. Journal of Adolescent Health, 44(3), 291-297. doi: 10.1016/j.jadohealth.2008.07.016

Diagnostic and Statistical Manual of Mental disorders. 5th. ed. Washington, DC: American Psychiatric Association; 2013

Dixius, A. und Möhler, E. (2017) Komplexe Krisenintervention bei einem 16-jährigen schwangeren Mädchen nach unbegleiteter Flucht aus Eritrea. Z Kinder Jugendpsychiatr Psychother. 2017 Jan;45(1):69-74. doi: 10.1024/1422-4917/a000458. Epub 2016 Sep 19

Dixius, A., Möhler, E. (2016). START - Stress-Traumasymptoms-Arousal-Regulation-Treatment. Manual zur Erststabilisierung und Arousal-Modulation für stark belastete Kinder und Jugendliche und minderjährige Flüchtlinge. Saarbrücken: startyourway.de

Dixius, A., Möhler, E. (2017). A pilot evaluation study of an intercultural treatment program for stabilization and arousal modulation for intensely stressed children and adolescents and minor refugees, called START (Stress-Traumasymptoms-Arousal-Regulation-Treatment). ARC Journal of Psychiatry. [accepted Oct 16 2017]

Dixius, A., Möhler, E. (2017). Ein neues Therapie-Konzept validiert die besonderen Bedürfnisse geflüchteter Kinder und Jugendlicher: START-Stress-Traumasymptoms-Arousal-Regulation-Treatment. Psychotherapie Forum (2017) 22:76–85 DOI 10.1007/s00729-017-0095-x

Eberle-Sejari, E., Nocon, A, Rosner, R. (2015). Zur Wirksamkeit von psychotherapeutischen Interventionen bei jungen Flüchtlingen und Binnenvertriebenen mit posttraumatischen Symptomen. Kindheit und Entwicklung (2015), 24, pp. 156-169. https://doi.org/10.1026/0942-5403/a000171. © 2015 Hogrefe Verlag.

Ehlers A, Clark DM. (2000). A cognitive model of posttraumatic stress disorder. Behav Res Ther 2000; 38:319–345.

Falkai, P., Wittchen, U. (2015). Diagnostisches und Statistisches Manual Psychischer Störungen – DSM-5. Göttingen: Hogrefe.

Fazel, M., Wheeler, J., Danesh, J. (2005). Prevalence of serious mental disorder in 7000 refugees resettled in western countries: a systematic review. Lancet. 365: 1309-14.

Fegert JM, Plener PL, Kölch M (2015) Traumatisierung von Flüchtlingskindern. R JugendBildungswes4:380–389

Fegert, J M. (2018). Die Macht der Täter brechen. Frankfurter Allgemeine. 10.7.2018.

Fegert, J. und Wiebels, K. (2015). Stellungnahme der Deutschen Gesellschaft für Kinder- und Jugendpsychiatrie, Psychosomatik und Psychotherapie e. V. (DGKJP) zum Entwurf eines Gesetzes zur Verbesserung der Unterbringung, Versorgung und Betreuung ausländischer Kinder und Jugendlicher des Bundesministeriums für Familien, Frauen, Senioren und Jugend (Online unter www.dgkjp.de)

Fegert, J., Ludolph, A. und Wiebels, K. (2014). Gemeinsame Stellungnahme der kinderund jugendpsychiatrischen Fachgesellschaft und der Fachverbände (DGKJP, BAG, KJPP, BKJPP) zur Perspektive unbegleiteter minderjähriger Flüchtlinge bei Erlangung der Volljährigkeit. Online unter http://dgkjp.de/aktuelles/247-umf-stelln

Felitti VJ, Anda RF, Nordenberg D, Williamson DF, Spitz AM, Edwards V, Koss MP, Marks JS. (1998).Relationship of childhood abuse and household dysfunction to many of the leading causes of death in adults. The Adverse Childhood Experiences (ACE) Study. Am J Prev Med. 1998 May;14(4):245-58

Fischer, G, Riedesser, P. (1999): Lehrbuch der Psychotraumatologie. Ernst Reinhardt Verlag, München.

Foelsch, P.A., Schlüter-Müller, S., Odom, A.E., Arena, H.T., Borzutzky H., A., Schmeck, K. (2014). Adolescent Identity Treatment. An Integrative Approach for Personality Pathology. Heidelberg: Springer

Gahleitner, S.HB., Hensel, T. Baierl, M. Kühn, M., Schmid, M. (Hrsg.). (2014) Traumapädagogik in psychosozialen Handlungsfeldern. Ein Handbuch für Jugendhilfe, Schule und Klinik. Göttingen: Vandenhoeck und Ruprecht.

Gavranidou, M., Niemiec, B., Magg, B., Rosner, R. et al. (2008). Traumatische Erfahrungen, aktuelle Lebensbedingungen im Exil und psychische Belastung junger Flüchtlinge. Kindheit und Entwicklung, 17 (2008), 4, 224-231.

Geisler, U., Muttenhammer, J. (2016). Achtsamkeitsübungen mit Kindern und Jugendlichen in der Psychtherapie. Jungfermann Verlag: Paderborn.
Gerrig, R.J. & Zimbardo, P.G. (2008). Psychologie (18. aktual. Auflage). München: Pearson
Gilbert, P. (2013). Compassion Focused Therapy. Paderborn: Jungfermann Verlag.
Goldbeck, L., Muche, R., Sachser, C., Tutus, D., Rosner, R. (2016). Effectiveness of Trauma-focused Cognitive Behavioural Therapy (Tf-CBT) for children and adolescents: a randomized controlled trial in eight German mental health clinics. Psychotherapy and Psychosomatics, 85, 159-170 doi:10.1159/000442824. [Epub ahead of print]
Goodman R, Meltzer H, Bailey V (1998) The strengths and difficulties questionnaire: a pilotstudy on the validity of the self-report version. Eur Child Adolesc Psychiatry7:125–130
Goodyer, I. M., Park, R. J., Netherton, C. M. und Herbert, J. (2001). Possible role of cortisol and dehydroepiandrosterone in human development and psychopathology. British Journal of Psychiatry, 179, 363-369.
Göppel R. Resilienzförderung als schulische Aufgabe? In: Zander M, Hrsg. Handbuch Resilienzförderung. Wiesbaden: VS, 2011: S. 383–406.
Gorman, J. M., Mathew, S. und Coplan, J. D. (2002). Neurobiology of early life stress: nonhuman primate models. Seminars in Clinical Neuropsychiatry, 7, 96-103.
Greenwald, R. (2001) EMDR in der psychotherapeutischen Behandlung mit Kindern und Jugendlichen. Paderborn: Junfermann
Greenwald, R. (2002) Motivation - Adaptive Skills - Trauma Resolution (MASTR) Therapy for adolescents with conduct problems: An open trial. In: Greenwald (Ed). Trauma and juvenile delinquency. New York: Haworth
Habetha, S, Bleich, S, Sievers, C., Marschall, U, Weidenhammer, J., Fegert, J M. (2012) DeutscheTraumafolgekostenstudie. Kein Kind mehr – kein(e) Trauma(kosten) mehr? Kiel, Schmidt und Klaunig, 2012 Schriftenreihe / IGSF Institut für Gesundheits-System-Forschung GmbH Kiel, Bd. III
Handtke, L., Görges H j, (2012). Handbuch Traumakompetenz. Junfermann: Paderborn
Hanh, T. N. (2009). Das Wunder der Achtsamkeit: Einführung in die Meditation. Bielefeld: Theseus.
Hargasser B (2014) Unbegleitete minderjährige Flüchtlinge. Sequentielle Traumatisierungsprozesse und die Aufgaben der Jugendhilfe. Wissen und Praxis, Frankfurt a.M.
Hase M., Balmaceda U. M., Hase A., Lehnung M., Tumani V., Huchzermeier C., et al. (2015). Eye movement desensitization and reprocessing (EMDR) therapy in the treatment of depression - a matched pairs study in an in-patient setting. Brain Behav. 5: e00342 10.1002/brb3.342
Heeren, M., Mueller,J., Ehlert, U. (2012). Mental health of asylum seekers. A cross-sectional study of psychiatric disorders. BMC Psychiatry;17: 114
Heim C, Nemeroff CB (2001). The role of childhood trauma in the neurobiology of mood and anxiety disorders: preclinical and clinical studies. Biol Psychiatry. 2001 Jun 15;49 (12):1023-39
Hensel, T. (2017). Stressorbasiertierte Psychotherapie. Belastungssymptome wirksam transformieren – ein integrativer Ansatz. Stuttgart: Kohlhammer
Hensel, T. (Hrsg) (2007). EMDR mit Kindern und Jugendlichen. Ein Handbuch. Göttingen: Hogrefe.
Hiller, R., Hensel, T. (2017). ResonaT – Ressourcenorientierte narrative Traumatherapie. Göttingen: Vandenhoeck & Ruprecht
Hodes, M., Jagdev, D., Chandra, N., Cunniff, A. (2008). Risk and resilience for psychological distress amongst unaccompanied asylum seeking adolescents. Child Psychol Psychiatry. 2008 Jul;49(7):723-32. doi: 10.1111/j.1469-7610.2008.01912.x. Epub 2008 Jul 1.
Horn S R, Charney D S, Feder A., (2016).Understanding resilience: New approaches for preventing and treating PTSD. Exp Neurol. 2016 Oct;284(Pt B):119-132. doi: 10.1016/j.expneurol.2016.07.002. Epub 2016 Jul 11.
Huemer, J., Karnick N.S., Voelkl-Kernstock, S., Granditsch, E., Dervic, K., Friedrich M.H. et al. (2009). Mental health issues in unccompainied refugee minors. Child Adolesc Psychiatry Ment Health.3(1):13. doi: 10.1186/1753-2000-3-13

Iacoviello, B M. & Charney, D S. (2014) Psychosocial facets of resilience: implications for preventing posttrauma psychopathology, treating trauma survivors, and enhancing community resilience, European Journal of Psychotraumatology, 5:1, DOI: 10.3402/ejpt.v5.23970

In-Albon, T. (Hrsg.) (2013). Emotionsregulation und psychische Störungen im Kindes- und Jugendalter. Grundlagen, Forschung und Behandlungsansätze. Kohlhammer: Stuttgart.

Kaltenbach E., Härdtner E., Hermenau K., Schauer M., & Elbert T. (2017). Efficient identification of mental health problems in refugees in Germany - The Refugee Health Screener. European Journal of Psychotraumatology, 8(S2), 1389205. doi:10.1080/20008198.2017.1389205

Kananian S., Ayoughi S., Farugie A., Hinton D., & Stangier U. (2017). Transdiagnostic culturally adapted CBT with Farsi-speaking refugees: A pilot study. European Journal of Psychotraumatology, 8(S2), 1390362. doi:10.1080/20008198.2017.1390362

Kariyawasam, S. H., Zaw, F. und Handley, S. L. (2002). Reduced salivary cortisol in children with comorbid attention deficit hyperactivity disorder and oppositional defiant disorder. Neuroendocrinol Lett, 23(1), 45-48.

Kessler, R. C., Sonnega, A., Bromet, E., Hughes, M., Nelson, C. B. (1995): Posttraumatic Stress Disorder in the Naional Comorbidity Survey. Arch Gen Psychiatry 52: 1048-1060

King, J. A., Barkley, R. A. und Barrett, S. (1998). Attention-deficit hyperactivity disorder and the stress response. Biological Psychiatry, 44(1), 72-4.

Kirsch, V., Fegert, F; Seitz, D., Goldbeck, L. (2011) Traumafokussierte kognitive Verhaltenstherapie (Tf-KVT) bei Kindern und Jugendlichen nach Missbrauch und Misshandlung. Kindheit und Entwicklung 20, 95-102.

Kirsch, V., Goldbeck, L. (2013). Traumafokussierte kognitive Verhaltenstherapie mit Kindern und Jugendlichen. Kindheit und Entwicklung (2013), 22, pp. 87-96. https://doi.org/10.1026/0942-5403/a000104. Göttingen: Hogrefe.

Knaevelsrud, C., Stammel, N., Olff, M. (2017) Traumatized refugees: identifying needs and facing challenges for mental health careEur J Psychotraumatol. 2017; 8(sup2): 1388103. Published online 2017 Nov 7. doi: 10.1080/20008198.2017.1388103

Kolaitis, G. (2017). Trauma and post-traumatic stress disorder in children and adolescents Eur J Psychotraumatol. 2017; 8(sup4): 1351198. Published online 2017 Sep 29. doi:10.1080/20008198.2017.1351198

Kolb, B., Harker, A., Mychasiuk, R., de Melo, S., Gibb, R. (2017). Stress and prefrontal cortical plasticity in the develoing brain. Cognitive development, 42, 15-26

Korja, R., Nolvi, S., grant, K., McMahon, C. (2017). The relations between maternal prenatal anxiety or stress and child#s early negative reactivity or self-regulation: A systematic review. Child Psychiatry and Human Development, 27, 1-9

Kramer, D N. & Landolt, M A. (2014) Early psychological intervention in accidentally injured children ages 2–16: a randomized controlled trial, European Journal of Psychotraumatology, 5:1, 24402, DOI: 10.3402/ejpt.v5.24402

Kreppner, J. M., O'Connor, T. G. und Rutter, M. (2001). Can inattention/overactivity be an institutional deprivation syndrome? Journal of Abnormal Child Psychology, 29(513-528).

Krüsmann, M.; Müller-Cyran, A. (2005). Trauma und frühe Interventionen. München, Pfeiffer bei Klett Cotta

Lahti, M. Savolainen, K., Tuovinen, S., Pesonen, A., Lahti, J., Heinonen, K., Räikkönnen, K. (2017) Maternal depressive symptoms during and after pregnancy and psychiatric problems in children. Journal of the American Academy of Child and Adolescent Psychiatry, 56, 30-39

Landolt, M.A. (2004). Psychotraumatologie des Kindesalters. Göttingen: Hogrefe

Landolt, M.A., Hensel, T. (Hrsg.) (2008). Traumatherapie bei Kindern und Jugendlichen, S. 84-110. Göttingen: Hogrefe

Lehnung, M., Shapiro, E., Schreiber, M., Hofmann, A.(2017). Evaluating the EMDR Group Traumatic Episode. Protocol With Refugees: A Field Study. Article Journal of EMDR Practice and Research
. Volume 11, Number 3, 2017 129© 2017 DOI:10.1891/1933-3196.11.3.129

Lehnung, M; Shapiro, E; Schreiber, M; Hofmann, A (2017). Journal of EMDR Praxis und Forschung, Band 11, Nummer 3, 2017, pp. 129-138 (10). Heidelberg: Springer-Verlag

Levine, P A. (2015). Trauma and Memorory: Brain and Body in search for the living Past. Berkeley: North California Books

Linehan, M. M. (1996b). Dialektisch-Behaviorale Therapie der Borderline-Persönlichkeitsstörung. Trainingsmanual. München: CIP-Medien.

Linehan, M. M. (2015). DBT Skills Training Manual. New York: The Guilford Press.

Liu, D., Caldji, C., Sharma, S., Plotzky, P. M. und Meaney, M. J. (2000). Influence of neonatal rearing conditions on stress-induced adrenocorticotropin responses and norepinepherine release in the hypothalamic paraventricular nucleus. Journal of Neuroendocrinology, 12, 5-12.,

Lovett, J. (2014). Trauma-Attachment Tangle: Modifying EMDR to Help Children Resolve Trauma and Develop Loving Relationships.London: Routeledge.

Luthar, S. S. (2006). Resilience in development: A synthesis of research across five decades. In D. Cicchetti und D. J. Cohen (Eds.), Developmental psychopathology: Risk, disorder, and adaptation (pp. 739-795). Hoboken, NJ: John Wiley.

Lyons,D. M., Lopez, J. M., Yang, C. und Schatzberg, A. F. (2000). Stress-level cortisol treatment impairs inhibitory control of behavior in monkeys. Journal of Neuroscience, 15, 7816-7821

Maercker A, Brewin CR, Bryant RA et al. Diagnosis and classification of disorders specifically associated with stress: proposals for ICD-11. World Psychiatry 2013; 12: 198-206

Maercker, A. (Hrsg) (2013). Posttraumatische Belastungsstörung. Heidelberg: Springer Verlag.

Mirescu, C., Peters, J. D. und Gould, E. (2004). Early life experience alters response of adult neurogenesis to stress. Nature Neuroscience, 7(8), 841-6.

Moehler, E., Simons, M., Kölch. M. Herpertz-Dahlmann, B., Schulte Markwort, M., Fegert, J. (2015). Diagnosen und Behandlung (unbegleiteter) minderjähriger Flüchtlinge. Zeitschrift für Kinder- und Jugendpsychiatrie und Psychotherapie, 43 (6), 381-383

Möhler, E., Matheis, V., Reck, C., Cierpka, M., Resch, F. (2008b): Pre- and postnatal complications in a sample of mothers with a history of abuse. Journal of Psychosomatic Obstetrics and Gynecology, 29, 193-198

Mollica, R.F., McInnes, K.,Poole, C., Tor, S.(1998). Doseeffect relationships of trauma to symptoms of depression and post-traumatic stress disorder among Cambodian survivors of mass violence. Br J Psychiatry, 173: 482-2

Münker-Kramer, E. (2015). Traumazentrierte Psychotherapie mit EMDR. München, Basel: Reinhardt Verlag.

Münzer, A., Ganser, H.G., Plener, P.L., Goldbeck, L., Rosner, R., Naumann, A., Witt, A. (2017). Usual Care for Maltreatment- Related Pediatric Posttraumatic Stress Disorder in Germany. *Zeitschrift für Kinder- und Jugendpsychiatrie und Psychotherapie.* DOI: 10.1024/1422-4917/a000548.

Nemeroff, C. Heim, C. (2009) Neurobiology of posttraumatic disorder, CNS Spectrum 14, 13-24

Neuner, F., Schauer, M. Karunkara, U. Klaschick, C., Elbert, T. (2004). A comparison of Narrative Exposure Therapy, supportive counseling and psychoeducationfor treating PostraumaticStress Disorder in an African refugee settlementt. Journal of Counsulting and Clinical Psychology, 72, 579-587

Newbiggins, K. Thomas, N. (2011). Good Practice in Social Care for Refugee and Asylumseeking Children. Child Abuse Review. First published: 29 March 2011. DOI: 10.1002/car.1178

Nigg, J. (2017) Annual research review: on the relations among self-regulation, self-control, executive functioning, effortful control, impulsivity, risktaking and inhibition for delvelopmental psychopathology. Journal of child psychology and Psychiatry and Allied Disciplines, 58, 361-383

Nocon, A., Eberle-Sejari, R., Unterhitzenberger, J. & Rosner, R. (2017). The effectiveness of psychosocial interventions in young war-traumatized refugees – systematic review and meta-analysis. European Journal of Psychotraumatology, 8 (2), 1388709, DOI: 10.1080/20008198.2017.1388709.

Nolvi, S., Karlsson, L., Bridgett, D., Pajulo, M., Tolvanen, M., Karlsson, H. (2016) Maternal postnatal psychiatric symptoms and infant temperament affect early mother infantbonding. Infant behaviour and Development, 43.

Nugent, N.R., Sumner , J A.& Amstadter, A B. (2014) Resilience after trauma: from surviving to thriving, European Journal of Psychotraumatology, 5:1, DOI: 10.3402/ejpt.v5.25339

O'Donnell, K.J., Meaney, M.J. (2017) Fetal origins of mental health: the developmental origins of health and disease hypothesis. American journal of Psychiatry, 174, 319-328

Petermann, F., Petermann, U. Nitkowski, D. (2016). Emotionsregulation in der Schule. Göttingen: Hogrefe.

Plener PL, Groschwitz RC, Brähler E, Sukale T, Fegert JM.(2017). Unaccompanied refugee minors in Germany: attitudes of the general population towards a vulnerable group. Eur Child Adolesc Psychiatry. 2017 Jun;26(6):733-742. doi: 10.1007/s00787-017-0943-9. Epub 2017 Jan 10.

Poustka, L., Banaschewski, T., Möhler, E., Ludolph, A.: Missbrauch bedeutet Dauerstress fürs Gehirn: Neurobiologische Folgen MMW Fortschritte der Medizin 153: 36 (2011)

Priebe, K. Dyer, A. (Hrsg.) (2014). Methaphern, Geschichten und Symbole in der Traumatherapie. Göttingen: Hogrefe.

Priebe, K., Schmahl, C. Stiglmayr, C. (2013). Dissoziationen. Theorie und Therapie. Springer-Verlag: Berlin, Heidelberg

Rathus, J.H., Miller, A. (2015). DBT Skills Manual for Adolescents. New York: The Guiford Press.

Reddemann L. (2011). Psychodynamisch Imaginative Traumatherapie: PITT® - Das Manual. Ein resilienzorientierter Ansatz inder Psychotraumatherapie. Psychodynamisch Imaginative Traumatherapie. Stuttgart: Klett-Cotta.

Resick AP (2011). Stress and Trauma. New York: Psychology Press.

Rönnau-Böse, M. und Fröhlich-Gildhoff, K. (2012). Das Konzept der Resilienz und Resilienzförderung. In K. Fröhlich-Gildhoff, J. Becker und S. Fischer (Hrsg.). Gestärkt von Anfang an. Resilienzförderung in der Kita (S. 9-29). Weinheim: Beltz.

Rönnau-Böse, M. und Fröhlich-Gildhoff, K. (2015).Resilienz und Resilienzförderung über die Lebensspanne. Stuttgart: Kohlhammer

Roozendaal, B. und de Quervain, D. J.-F. (2005). Glucocorticoid therapy and memory function. Lessons learned from basic research. Neurology, 64, 184-185.

Roozendaal, B., Quirarte, G. L. und McGaugh, J. L. (1997). Stress-activated hormonal systems and the regulation of memory storage. In R. Yehuda und A. C. McFarlane (Hrsg.) Psychobiology of posttraumatic stress disorder (Bd. 821, S. 238-246). New York: The New York Academy of Science.

Rosner, R., Hagl, M. & Petermann, U. (2015). Trauma- und belastungsbezogene Störungen: Neue Herausforderungen in der Klinischen Kinderpsychologie. Kindheit und Entwicklung. 24 (3), 131-136.

Rosner, R., Steil, R. (2009). Posttraumatische Belastungsstörung. Informationen für Betroffene, Eltern, Lehrer und Erzieher. Göttingen: Hogrefe

Rothenberger, S., Möhler E., Resch, F. (2011) Subjective and objective correlates of maternal stress during pregnancy. Psychopathology, 44(1):60-7

Rothenberger, S., Resch, F., Doszpod, N, Moehler, E. (2011) Prenatal stress and infant affective reactivity at five months of age, Early Human Development 87, 129-136

Ruf, M., Schauer, F., Elbert, T. (2010). Prävalenz von traumatischen Stresserfahrungen und seelischen Erkrankungen bei in Deutschland lebenden Kindern. Z Klein Psychol-Forsc, 39:151-60

Ruf, M., Schauer, F., Neuner, E., Catani, C. und Elbert, T. (2008). Kidnet – Narrative Expositionstherapie für Kinder. In: Landolt, M.A., Hensel, T. (Hrsg.) Traumatherapie bei Kindern und Jugendlichen, S. 84-110. Göttingen: Hogrefe.

Rutter M, Sroufe LA. (2000) Developmental psychopathology: concepts and challenges. Dev Psychopathol. 2000 Summer;12(3):265-96. Review. PMID:11014739

Rutter M. (2000). Psychosocial influences: critiques, findings, and research needs.Dev Psychopathol. 2000 Summer;12(3):375-405. Review.PMID:11014744

Sack, M. (2010). Schonende Traumatherapie: Ressourcenorientierte Behandlung von Traumafolgestörungen. Stuttgart: Schattauer

Sanchez, M. M., Ladd, C. O. und Plotsky, P. M. (2001). Early adverse experience as a developmental risk factor for later psychopathology: Evidence from rodent and primate models. Development and Psychopathology, 13, 419-449.

Sapolsky, R. M. (1996). Why stress is bad for your brain. Science, 273, 749-750.

Sapolsky, R. M. (1997). The importance of a well-groomed child. Science, 277(5332), 1620-1.

Schauer, M., Neuner, F. Elbert, T. (2011). Narrative Exposre Therapy. A short-term treatment for traumatic disorders. 2nd revised and expanded edition. Göttingen: Hogrefe

Scheeringa, M, Wright, M. J. Hunt, J. P. undZeanah, C. H. (2006). Factors affecting the diagnosis and prediction of PTSDsymptomatology in children and adolescents. American Journal of Psychiatry,163, 644-651.

Schmid, M., Fegert, J. M., Petermann, F. (2010): Traumaentwicklungsstörung: Pro und Contra. Kindheit und Entwicklung 19 (1): 47-63

Schubbe, O. (Hrsg.) (2004). Traumatherapie mit EMDR. Ein Handbuch für die Ausbildung. Göttingen: Vandenhoeck-Ruprecht.

Schulz S., Dahm A., Hermann-Frank A., Martinsohn-Schittkowski W., Nocon M., Sühlfleisch-Thurau U. (2015). Eye movement desensitization and reprocessing (EMDR) – Eine Methode wird anerkannt. PP 13 34–36.

Shaffera, A. Yates, T M, Egeland, B R, (2009). The relation of emotional maltreatment to early adolescent competence: Developmental processes in aprospective study. Child Abuse & Neglect 33 (2009)36–44

Shapiro, F. (1999). EMDR. Grundlagen und Praxis. Handbuch zur Behandlung traumatisierter Menschen. Paderborn: Jungfermann.

Shapiro, F. (2001). Eye Movement Desensitization and Reprocessing – Basic principles, protocols, and procedures. New York, Guilford

Shapiro, F. (2013). EMDR. Grundlagen und Praxis. Handbuch zur Behandlung traumatisierter Menschen. Paderborn: Jungfermann.

Shapiro, F. (2014). The Role of Eye Movement Desensitization and Reprocessing (EMDR) Therapy in Medicine: Addressing the Psychological and Physical Symptoms Stemming from Adverse Life Experiences. Perm J 2014 Winter;18(1):71-77

Shiner, R.L., Buss, K.A., McClowry, S., Putnam, S., Saudino, K., Zentner, M. (2012). What is temperament now? Assessing progress in temperament research on the twnty fifth anniversary of Goldsmith et al. Child Development Perspectives, 6, 436-444.

Steil R, Dyer A, Priebe K, Kleindienst N, Bohus M., 2011.Dialectical behavior therapy for posttraumatic stress disorder related to childhood sexual abuse: a pilot study of an intensive residential treatment program. J Trauma Stress. 2011 Feb;24(1):102-6. doi: 10.1002/jts.20617. Epub 2011 Feb 4.

Steil, R. Rosner, R. (2010). Posttraumatische Belastungsstörung. Göttingen: Hogrefe.

Steil, R., Bohus, M., Heinrichs, N., Rosner, R. & Schäfer, I. (2015). Innovative Behandlungsstrategien für die Folgen von sexuellem und physischem Missbrauch in der Kindheit. Trauma und Gewalt, 9 (2),148-159.

Steil, R., Dittmann, C., Matulis, S., Müller-Engelmann, M., Priebe, K. Dialektisch-behaviorale Therapie der PTBS bei Patientinnen mit schwerer Störung der Emotionsregulation. PSYCH up2date 2015; 9(01): 33-48. DOI: 10.1055/s-0034-1387462.

Steil, R., Dittmann,C., Müller-Engelmann, M., Dyer, A., Maasch, A.-M., Priebe; K. (2018). Dialectical Behavior Therapy for Posttraumatic Stress Disorder Related to Childhood Sexual Abuse: A Pilot Study in an Outpatient Treatment Setting. European Journal of Psychotraumatology. European journal of psychotraumatology, 9(1), 1423832.

Steinebach, C. (Hrsg.) Gharabaghi, K. (Hrsg.), (2013). Resilienzförderung im Jugendalter: Praxis und Perspektiven. Heidelberg: Springer

Sukale T, Rassenhofer M, Plener PL, Fegert JM (2016). Belastungen und Ressourcen unbegleiteterund begleiteter Minderjähriger mit Fluchterfahrung. Ein

Konzeptzurstrukturierten Einschätzung und darauf aufbauender Interventionsplanung. Jugendamt 4:174–183.
Sukale, T., Hertel, C. Möhler, E. Joas, J., Müller, M., Banaschewski, T. Schepker, R., Kölch, M.G., Fegert, J.M., Plener, P.L. Diagnostik und Ersteinschätzung bei minderjährigen Flüchtlingen. Nervenarzt 2017 · 88:3–9, DOI 10.1007/s00115-016-0244-4, online publiziert: 16. November 2016 Springer-Verlag Berlin
Terr, L. C. (1991). Childhood traumas: An outline and over- view. American Journal of Psychiatry, 148, 10 – 20.
Thijssen, S., Muetzel, R., Bakersman-Kranenburg, M., jaddoe, V., Tiemeier, H., Verhulst, F., Van Ijzendoorn, M.H. (2017) Insensitive parenting may accelerate the development of the amygdala-medial prefrontal cortex circuit. Development and Psychopathology, 29, 505-518
Thünker, J., Pietrowsky, R. (2011). Alpträume. Ein Therapiemanual. Göttingen: Hogrefe.
Trickey D, Siddaway AP, Meiser-Stedman R, Serpell L, Field AP A. (2012). meta-analysis of risk factors for post-traumatic stress disorder in children and adolescents. Clin Psychol Rev. 2012 Mar;32(2):122-38. doi: 10.1016/j.cpr.2011.12.001. Epub 2011 Dec 8.
Tutus, D., Pfeiffer, E., Rosner, R., Sachser, C., Goldbeck, L. (2017). Sustainability of Treatment Effects of Trauma-Focused Cognitive-Behavioral Therapy (TF-CBT) for Children and Adolescents: Findings from 6- and 12-month follow-ups. Psychotherapy and Psychosomatics 86(6),379-381. DOI: 10.1159/000481198
Unterhitzer, R., Eberle-Sejari, R., Rassenhofer, M. Sukale, T. Rosner, R., Goldbeck, R. et al. (2015). Trauma-focused cognistive behavioral therapy with unaccompanied refugee minors: a case seriers. BMC Psychiaty (2015) 15:260, DOI 10.1186/s12888-015-0645-0
Van den Bergh, B., van den Heuvel, M., Lahti, M., Braeken, M., de Rooji, S., Entringer, S, Schwab, M. (2017) Prenatal developmental origins of behavior and mental health: the influence of maternal stress in pregnancy. Neuroscience and Biobehavioral Reviews, doi: 10.1016/j.neubiorev.2017.07.003
van der Kolk (2014). The body keeps the score:Mind, brain and body in the transformation of trauma. New York: Penguin Books
van der Kolk, B. A. (2005). Developmental Trauma Disorder: Toward a rational diagnosis for children with complex trauma histories. Psychiatric Annals, 35(5), 401-408.
van der Kolk, Bessel A. Entwicklungstrauma-Störung: Auf dem Weg zu einer sinnvollen Diagnostik für chronisch traumatisierte Kinder Praxis der Kinderpsychologie und Kinderpsychiatrie 58 (2009) 8, S. 572-586 urn:nbn:de:bsz-psydok-49207
van Schie, C, van Harmelen, C., Hauber, K, Boon, E. A. Crone & Bernet M., Elzinga (2017) The neural correlates of childhood maltreatment and the ability to understand mental states of others, European Journal of Psychotraumatology, 8:1, DOI: 10.1080/20008198.2016.1272788
Vervliet, M., Lammertyn, J., Broekaert, E., und Derluyn, I. (2014). Longitudinal Follow-up of the Mental Health of Unaccompanied Refugee Minors. European Child & Adolescent Psychiatry, 23(5), 337-346. doi: 10.1007/s00787-013-0463-1.
Von Auer, A K. und Bohus, M. (2017). Interaktives Skillstraining für Jugendliche mit Problemen der Gefühlsregulation (DBT-A). Stuttgart: Schattauer.
Vorria, P., Papaligoura, Z., Dunn, J., van Ijzendoorn, M., Steele, H., Kontopoulou, A., Sarafidou, Y. (2016) Early experiences and attachment relationships of Greek infants raised in residential group care. J. Child Psychology and Psychiatry, 44: 1208-20.
Welter- Enderlein, Rosemarie (2006): Einleitung. Resilienz aus der Sicht von Beratung und Therapie. In: Welter- Enderlein, Rosmarie/ Hildenbrand, Bruno (Hrsg.): Resilienz- Gedeihen trotz widriger Umstände. Heidelberg, S. 7–19
Widom CS. (1999). Posttraumatic stress disorder in abused and neglected children grown up. Am J Psychiatry. 1999 Aug;156(8):1223-9.
Widom,C.S., Raphael,K.G.,und DuMont, K.A.(2004).The case for prospective longitudinalstudies in child maltreatmentr esearch: Commentary on Dube,Williamson,Thompson, Felitti, und Anda(2004).Child Abuse & Neglect,28,715–722.

Witt, A., Rassenhofer, M., Fegert, J. M., und Plener, P. L. (2015). Hilfebedarf und Hilfsangebote in der Versorgung von unbegleiteten minderjährigen Flüchtlingen. Kindheit und Entwicklung, 24, 209–224

Witt, A.,Brown,R.. Plener, P. L, Brähler, E., Fegert, J. (2017) Child maltreatment in Germany: prevalence rates in the general population. Child Adolesc Psychiatry Ment Health.;11:47.

Wustmann, C. (2004). Resilienz: Widerstandsfähigkeit von Kindern in Tageseinrichtungen fördern. Weinheim: Beltz

Yurtsever, A., Konuk, E., Akyuz, T., und Tukel, F. (2014, June). G-TEP with Syrian refugees. In EMDR with research symposium (Derek Farrell, Chair). Symposium presented at the 15th EMDR Europe Association Conference, Edinburgh, Scotland https://emdria.omeka.net.Letzter Abruf: 29.09.2017

Zanarini MC, Williams AA, Lewis RE, Reich RB, Vera SC, Marino MF, Levin A, Yong L, Frankenburg FR. Reported pathological childhood experiences associated with the development of borderline personality disorder. Am J Psychiatry. 1997 Aug;154(8):1101-6.

Ziegenhain, U. und Fegert,J M., 2008. Kindeswohlgefährdung und Vernachlässigung München: Ernst Reinhardt, GmbH & Co KG, Verlag, München

Internet

BAMF (2016). Bundesamt für Migration und Flüchtlinge. Abrufbar unter: https://www.bamf.de/SharedDocs/Anlagen/DE/Downloads/Infothek/Statistik/Asyl/aktuelle-zahlen-zu-asyl-april-2016.pdf?__blob=publicationFile (letzter Abruf 10.07.2016)

Bella Studie (2010). https://www.bella-study.org/deutsch-old/; https://www.bella-studie.org

Between immigration control and child protection: Unaccompanied minors in Belgium (PDF Download Available). Available from: https://www.researchgate.net/publication/319542310_Between_immigration_control_and_child_protection_Unaccompanied_minors_in_Belgium [accessed Oct 16 2017].

Bundeszentrale für gesundheitliche Aufklärung (BzgA) (Hrsg.) (2015). Abrufbar unter: http://www.familienplanung.de/beratung/schwangerschaftsabbruch/rechtslage-und-indikationen/ (letzter Abruf: 04.12.2015)

DeGPT (2018). https://www.degpt.de/informationen/fuer-betroffene/trauma-und-traumafolgen/wie-äußern-sich-traumafolgestörungen/komplexe-posttraumatische-belastungsstörung/ (letzter Abruf 20.08.2018)

Human Rhigts Watch (Hrsg) (2009). Service for Life: State Repression and Indefinite Conscription in Eritrea, Abrufbar unter: https://www.hrw.org/sites/default/files/reports/eritrea0409webwcover_0.pdf. (letzter Abruf: 04.12.2015)

Register

A

Achtsamkeit 96, 99, 102
Achtsamkeitsübung 41, 100
Adoleszenz 45
Adrenalin 22–23, 25
Affektregulation 28
Alarmsystem 23
Albträume 17, 96, 102
Alkohol- und Drogenkonsum 40
Amygdala 23–24
Ankunftsland 44–45
Arousal-Modulation 42
Arousal-Regulation 93
Asylbewerberleistungsgesetz 57
Asylverfahren 55
Autonomieentwicklung 45
AWMF-Leitlinien 77

B

Behandlung 77
BELLA-Studie 59
bilaterale Simulation 86
Bildmaterial 96
Bindung 28
BMFSFJ 56–57
Borderlinestörung 36

C

Caregiver 81
Chronifizierung 40
Clearingphase 59
Clearingstelle 63
Cognitive Reprocessing 82
Cortisol 22, 25
Cortisol-Ausschüttung 21

D

DeGPT e.V 77
Depersonalisation 34
Depression 18

Derealisation 34
Dialektisch Behaviorale Therapie
– DBT 88, 96
Dissoziation 17, 28, 32
Distanzierungstechnik 78
Dolmetscher 66
DSM 28
DSM 5 28

E

Early Life Stress 21
EMDR 77, 84, 96
emotional-instabil 96
Emotionsregulation 39, 100
Emotionssurfing 40
Escape-Strategie 40, 88
Exposition 80
Eye Movement Desensitization and
   Reprocessing 77, 84

F

Fight-Flight-Freeze 24
Flashback 18, 34
flowers & stones 84
Flucht 42, 93
Fluchthintergrund 42
Flüchtlinge 51, 55
– minderjährige 52
– unbegleitete 42
– unbegleitete minderjährige 20, 51, 54
Flüchtlingsorganisation 51
– UNHCR 52
freeze 25

G

Gedächtnis
– deklarativ 26
– heißes 26
– kaltes 26
– non-deklarativ 26
Gehirnentwicklung 21

Gewalt 42
Glukokortikoid 23

H

Haager Minderjährigenschutzabkommen 54
Habituation 80, 83
Heimatland 51
Herzfrequenz 22
Hippocampus 23–24, 26
Hormon 22
hot memory 26
hot spots 82
Hyperarousal 34, 99
Hyphophyse 22
Hypothalamus 22

I

ICD-10 28
Identität 45
Identitätsdiffusion 45
Identitätskrisen 45
Impulskontrolle 22
innere Bilder 18
Integration 56

K

Katecholaminsensitivität 22
KIDNET 77
Kinderrechtskonvention 57
Klassifikationssysteme 29
Komplexe Posttraumatische Belastungsstörung 36
Konfrontation 80
Königsteiner Schlüssel 53
Kortex
– präfrontal 22–23
Krisenintervention 66
Kultur 45
kulturelle Identität 56
kulturintegrativ 99
kultursensibel 29

L

Lifeline 84

M

man-made-disaster 19, 40
mehrsprachig 102

Metapher 40
Migration 52
Migrationshintergrund 93
Monotrauma 39

N

Narrative Expositionstherapie 83
National Child Traumatic Stress Network 60
Neocortex 24
Nervensystem 22
– autonom 22
– peripher 22
– zentral 22
Nervus vagus 100
NET 77, 83
niedrigschwellig 102
Noradrenalin 22–23
Norm 45
Numbing 34

P

peritraumatisch 26
Persönliche Skillsliste 124
Persönlichkeitsungsstörung 36
Pilotstudie – START 130
PMR 100
PORTA 46, 61
Posttraumatische Belastungsstörung (PTBS) 28, 59, 88
prätraumatisch 42
Psychoedukation 82
Psychotraumatherapie 77

R

Rechtliche Situation 54
Reisefähigkeit 53
Reizbarkeit 18
Resilienz 9, 20, 23, 47, 97, 102
resilienzfördernd 97

S

Schlafstörungen 18
Schlüsselreiz 27
Schreckreaktion 17, 23
Schreckstarre 25
Schwangerschaft 66
Screeningtool 58, 60
Screeningverfahren 46, 131
Selbstkonzept 46
Selbstregulation 22

Selbstverletzung
- nicht-suizidal 95
Selbstwirksamkeit 96
Sitzungsleitfaden 104
Skills 99
Skills-Kette 121
somatoforme Beschwerden 18, 28
Sozialpädagogik 53
Spannungsbogen 104, 121, 123
Stabilisierung 78, 96–97
START 10, 12, 79, 93
Störungsbilder
- kormobid 29–30
Störungsmodell 27
Strategie
- adaptiv 40
- maladaptiv 10, 23, 40
Stress 21, 23, 96
Stresserleben 21
Stressor 33
Stressorbasierte Psychotherapie 77
Stressreaktionen 22
Stressreaktiviät 21
Stressregulation 96, 100
Suizid 40
Suizidalität 17, 28
System
- limbisch 24

T

Taubheit
- emotionale 17
Testimony Therapy 83
Trauma 17, 21

traumaassoziiert 18
Traumabearbeitung 79–80
Traumaerleben 27
Traumaexposition 78–79
Traumafokussierte-kognitive
    Verhaltenstherapie 30, 81, 96
Traumafolgen 18, 38–39
Traumafolgereaktion 24
Traumafolgestörungen 9
Traumafolgesymptome 39
Trauma-Gedächtnis 27
Trauma-Screening 58
Traumata
- Typ I 18
- Typ II 18
Traumatherapieverfahren 81
Traumatisierung 24, 42
- sequentiell 42
Treatment 93
Triggerreiz 26, 30, 39

V

Verhalten
- dysfunktional 46
- selbstverletzend 17, 40
Vermeidungsverhalten 18, 27, 38
Vormund 58
Vulnerabilität 65

W

Wahrnehmung 28